KB039232

고선윤의 일본 이야기

# 나만의 도쿄

**일러두기**
1. 이 책에 쓰인 외래어와 외국어는 '외래어표기법'에 따라 표기했습니다. 단, '코케콧코'와 같이 어감을 살려야 할 부분은 예외적으로 표기했으며, '동경한국학교'는 일본 내 한국인 학교의 이름이므로 '동경'으로 표기했습니다.
2. 인명과 지명, 책명은 가독성을 위해 원어를 병기하지 않은 부분도 있고, 의미를 확실히 전달하기 위해 반복해 병기한 부분도 있습니다.
3. 책 제목은 『 』, 노래·시·논문 제목은 「 」, 신문명은 ≪ ≫, 영화·음반·공연 제목은 〈 〉를 사용해 표기했습니다.

이 도서의 국립중앙도서관 출판예정도서목록(CIP)은 서지정보유통지원시스템홈페이지 (http://seoji.nl.go.kr)와 국가자료공동목록시스템(http://www.nl.go.kr/kolisnet)에서 이용하실 수 있습니다. CIP제어번호: CIP2018026461(양장), CIP2018026462(학생판)

# 나만의 도쿄

글 고선윤 | 사진 이성호

고선윤의 일본 이야기

# 머리말

　"일본에서 초·중·고등학교를 졸업한 사람이 어찌 한국에서 대학을 다니게 되었는가?" 나를 알고자 하는 사람은 항상 이런 질문을 했다. 어릴 때는 "나의 정체성을 찾고 싶었다"고 거창하게 설명했고, 지금은 "그러게 말이야 ……" 하고 고개를 갸우뚱하면서 말끝을 흐린다. 어쩌면 딸아이만은 이국땅이 아니라 내 나라에서 공부시키고 싶다는 엄마의 고집을 따랐을 뿐인지도 모른다. 아니, 엄마의 품에서 벗어나 독립된 삶을 시작하고 싶은 20대의 사치스러움이 먼저였다고 고백한다. 여하튼 나는 서울에서 학교를 졸업하고, 여기를 '내 자리'라고 여기며 뿌리를 내렸다. 아들을 군에 보내면서 "대한민국 여자로 더 이상의 애국이 있겠는가"라고 하면서 큰소리를 치기도 했다.

　아버지를 따라 일본으로 간 것은 초등학교 5학년 때의 일이다. 그러니 내가 일본에서 살았던 시간은 8년이다. 길지 않은 시간이지만, '사춘기 소녀'가 남들과 다른 공간에서 기쁨, 외로움, 두려움을 머금고 쌓아온 이야기를 바탕으로 하나의 커다란 그림을 그리기 시작했다. 그리고 한 권의 책이 세상에 나왔다. 2년 전 출간한『토끼가 새라고??』가 그것이다. 적나라한 나의 모습이 부끄러운 책이지만 오랜 시간 내뱉지 못한 이야기를 책에 쏟아냈다. 나는 더 이상 '자이니치'도 '조센진'도 아닌 평범한 한국의 아줌마로서, 다만 남들과 달랐던 기억을 소중히 간직하며 내가 가지고 있는 이 특별한 눈으로 세상을 이야기하고 싶었다.

고백하건대 나는 참 복이 많은 사람이다. 주변의 따뜻한 눈빛에 감사하고 또 감사한다. 내 글을 보고 "미안합니다. 30년 전 아직 힘들어 하고 있었던 후배님에게 무관심했던 선배가 강산이 세 번 변한 지금에 와서 사과합니다"라는 따뜻한 메시지에 용기를 얻어, 나의 두 번째 이야기 『나만의 도쿄』를 준비했다. 갖고 싶었던, 너무나 갖고 싶었던 만년필을 예쁜 필통에 담고 나는 드디어 '글쟁이'가 되었다.

2018년 가을
고선윤

# 차례

# 차례

# 『나만의 도쿄』를 읽고

## 요네무라 고이치

마이니치신문 외신부 부부장, 전 서울지국장

2015년 봄, 서울지국에 부임한 나와 고선윤 선생과의 첫 만남은 전화였다. 전임자의 휴대전화를 물려받아 그대로 사용하고 있는 나에게 고 선생이 전화를 걸어온 것이다. 고 선생은 아주 정확한 일본어로 말을 걸어왔고, 나는 그 발음의 아름다움에 놀랐다.

나는 한국어도 영어도 잘하지 못하지만 외국어를 구사하면서 일을 해야 하니 "말은 통하기만 하면 되고 발음은 중요하지 않다"는 주의다. 그런데 고 선생과 몇 마디 나누다 보니, 발음의 중요성을 느끼지 않을 수 없었다. 외국인이 이토록 정확하고 아름다운 일본어를 구사하면, 일본어를 모국어로 하는 사람은 마음의 빗장을 열고 친근감을 가지게 된다.

한 번은 서울 강남에서, 고 선생이 일본 유학을 희망하는 학생을 대상으로 문화에 대한 강의를 하는 것을 들었다. 그리고 또 한 번 놀랐다. 고 신생은 선문가이니 낭연한 일이겠지만, 그 해박한 지식은 나와 같은 평범한 일본인에게는 놀라움 그 자체였다. 나는 나의 나라 일본의 역사와 문화에 대해서 처음 듣는 이야기에 완전히 매료되었다.

이번에 출판되는 이 책에는 나를 놀라게 한 고 선생의 탁월한 일본어 능력, 그리고 이것을 무기로 폭넓게 수집된 깊은 지식이 듬뿍 들어 있다. 여기서 무엇보다도 중요한 사실은, 고 선생은 어디까지나 한국인의 눈으로 일본을 보고 있다는 것이다. 일본어 능력과 지식, 이 두 가지만 보면 고 선생보다 우수한 전문가가 분명 있을 것이다. 그러나 이 책에는 일본의 출판물에는 없는 '특별함'이 있다.

일본 화장실과 욕실에 대해 적은 유머 넘치는 글에서 나는 그 특별함을 보았다. 일본 화장실과 욕실의 구조는 일본인인 나에게는 너무나 당연한 것으로, 그 의미나 특수성을 생각해본 적이 없었다. 그런데 "내가 만약 직접 집을 짓는다면 일본 사람들처럼 만들고 싶은 공간이 있다"면서 일본 욕실에 대한 이야기를 시작하는 이 특별한 견해는 한국과 일본을 오가면서 제3자의 눈으로 일본을 볼 수 있는 고 선생이기에 가능하다고 생각했다.

여기에는 일본의 대표적 국제주의자이며 그리스도교인 니토베 이나조의 저서 『무사도』와 일맥상통하는 부분이 있다. 『무사도』는 일본의 도덕적 전통을 설명한 책이지만, 고 선생이 이 책에서 정확하게 지적하는 바와 같이 서양인으로부터 받은 질문을 바탕으로 서양 문명에 대해 깊은 지식을 가진 니토베가 일본을 다시 바라보는 관점에서 탄생한 작품이다. 어떤 의미에서는, 서양 문화의 영향을 받은 것으로, 당시로는 새로운 '전통'이었다고 할 수 있다. 이른바 국제사회에 일본을 설명하기 위한 책이었음에도 불구하고 일본 내에서도 큰 충격을 남겼다.

고 선생의 이야기는 단순히 여행하는 것만으로는 얻을 수 없는 일본의 문화와 습관에 관한 깊이 있는 지식을 독자가 즐기면서 얻을 수 있도록 이끈다. 이뿐만이 아니다. 일본인인 나에게도 외부의 눈, 한국에서의 눈으로 일본을 바라본 이 책은 새로운 발견으로 가득하다.

# LP판의 음색으로 읽는 일본 이야기

박훈

서울대학교 동양사학과 교수

이 책을 읽고 일본 가수 사다 마사시를 알게 되었다. 물론 이름은 알고 있었으나 이 책에 그가 나오기에 유튜브를 찾아보고는 금세 반해버렸다(「세상을 향해 떠나는 이들에게」). 이 책이 내게 준 선물이다. 왜 찾아봤느냐면 저자 고선윤이 찾아보고 싶게끔 썼기 때문이다. 그녀가 예민한 사춘기에 낯선 땅 일본에 있을 때 정말 사다 마사시가 마치 옆에서 챙겨주며 보살펴준 것처럼, 내게는 느껴졌다. 그래서 나도 모르게 유튜브를 찾아보고, 팬이 되었다. 독자에게 이런 느낌을 주고 이런 행동을 하게끔 하는 글은 좋은 글이다. 고선윤의 글은 이런 힘이 있다.

그녀의 글은 스타일이 있다. 짐짓 억척스러운 한국 아줌마의 일상적 얘기를 쓰고 있지만, 왠지 글에서 우아함과 상쾌함이 느껴진다(「무사시노의 중고 가게」). 그러니까 일본 사람들의 생활과 생각을 구석구석 알게 해주면서도 전혀 억척스러움이 느껴지질 않는다. 묘한 필력이다.

선윤이는(이렇게 부르는 게 편하다) 내 대학 동기다. '응팔'보다 더 오래된 이야기이긴 하지만, 갓 대학에 들어간 나는 우리 과에 재일 동포가 있다는 얘길 들었다. 기대에 어긋나지 않게 선윤이의 한국 말은 독특했다. 생긴 것도 어딘가 일본 사람 같다고 생각했다. 그녀를 안 지는 오래되었지만 가깝게 지내지는 못했다. 그러니 그녀가 재일 동포가 아니라 초등학교 때 일본에 갔다는 사실을 안 것이 최근이다. 인상 깊었던 한국말도 그게 알고 보니 경북 사투리였다. 난 지금도 선윤이 말을 간혹 못 알아듣는다.

그런데 이 책에 쓴 말은 무슨 말인지, 어떤 기분으로 썼는지 다 알겠다. 그래서 일본이, 일본 사람이 더 손에 잡힐 듯 다가온다. 나도 일본 역사를 전공하고 선윤이만큼은 아니지만 일본어도 할 줄 알고, 일본에도 오래 살았으니, 읽다가 지루해도 큰 잘못은 아닐 텐데 계속 읽게 된다. 경쾌하게 읽힌다.

한·일 관계는 험악하다지만 일본을 찾는 한국 관광객은 역대 최고치를 기록했다고 한다. 독자 여러분들이 여행만이 아니라 일본에 관한 지식도 즐겼으면 한다. ≪경향신문≫ 서의동 논설위원의 표현처럼 일본은 디테일과 아날로그의 사회다. 그만큼 세밀하게 천천히 알아가면 아주 재미있는 나라다. 이 책은 LP판의 음색으로 독자들에게 일본을 들려줄 것이다.

# 우리 곁의 일본

박요한

대한항공 서울여객지점장, 상무

일본은 작년에 우리나라 사람들이 가장 많이 방문한 나라다. 최근에는 중국과의 외교적 불편함이 있어서 일본을 많이 찾았다고 생각되기도 하지만, 무엇보다 일본은 가까운 거리의 나라인지라 편하게 찾아갈 수 있다.

고선윤 작가는 비교적 늦게 알게 된 지인이다. 동향이고 동문임에도, 1980년대 관악 캠퍼스에서는 만날 기회가 없었고, 사회인이 되고도 한참을 지난 후에야 만났다. 나와 같은 지역에서 해외 주재원 생활을 했던 그녀의 같은 과 선배를 통해서 알게 되었다. 각자 다른 분야에서 일하는 우리는 간혹 만나서 이런저런 이야기를 나누는데, 소녀같이 호기심도 많고, 웃음도 많은 사람이라 항상 즐겁다. 글쓰기만이 아니라 모든 일에 열정적이며, 어려운 이웃 돕는 일을 좋아해서 그녀의 마음 씀씀이가 참 부럽다는 생각을 한다. 그 마음이 아프리카 오지에까지 미치고 있음을 알고 있다.

그녀는 사춘기 시절을 일본에서 보냈다. 친정어머니와 동생은 지금도 일본에 있고, 최근에는 딸아이를 무사시노 미술대학에 유학 보냈다는 이야기를 들었다. 그러니 누구보다도 일본을 잘 알고 좋아하는 사람이라고 할 수 있겠다.

이 책에 수록된 글 중에서, 일본의 인사말과 거기에 깃든 그들의 마음을 설명하는 부분이 인상적이다. "오래간만입니다. 잘 지내셨나요"라는 인사에 "덕분에"라고 답하는 것을 글감 삼아, 그 속에 녹아 있는 일본인들의 의식 세계를 설명한다. 그것만인가. 점치기, 욕실 구조, 히라가나와 가타카나, 선물, 일본에서 해서는 안 되는 일 등등을 통해 일본을 엿볼 수 있어서 참으로 흥미롭다.

게다가 「글쟁이의 만년필」, 「양력과 음력」, 「반려견」, 「자전거 타고 생활하기」 등의 글에는 글쓴이의 소소한 일상이 정감 있게 그려져 있어서, 우리네 개인의 삶 속에도 아련히 묻어 있는 소중한 기억들을 다시금 돌아보게 한다. 그래서 글을 읽는 내내 참으로 행복하고 좋았다. 항공 및 여행 업계에 근무한다는 이유로 나는 여행기를 즐겨 읽는 편인데, 특히 이 책의 사할린 방문 이야기가 감동적이다. 작가의 딸아이가 친구와 함께한 일본의 외할머니댁 방문기는 무척 따뜻한 느낌이다. 이 외에도 그녀가 일본에 대해 알려주는 많은 지식들은 일본을 방문하고자 하는 여행객들에게 매우 유용할 것이라 생각한다.

가깝고도 먼 나라 일본, 역사 속 아픈 과거와 불편한 관계에도 불구하고 동아시아 지역의 평화와 공동의 번영을 지향해야 하는 지금의 현실에서 이웃 나라 일본의 이야기를 가감 없이 들려주는 그녀에게 진심으로 감사한다.

# 나만의 도쿄

같은 집에서 20년째 살고 있으니 하나도 변한 게 없다고 말하고 싶지만, 이건 내 생각이고 강산이 변한 사실은 부인할 수 없다. 주변에서 가장 높고 좋았던 우리 아파트는 이제 키 작고 낡은 건물이 되어서 "축! 안전 진단 통과"라는 영광스러운 현수막을 달고 있다. 내 몸도 뾰족구두가 아니라 납작한 신발이 더 잘 어울리는 사람이 되었으니 무슨 할 말이 있겠는가. 아파트 입구 상가에는, 이사 올 당시 분명 약국, 문방구, 안경원에 제과점까지 있었는데 지금은 약국도 안경원도 없어졌다. 우리 아이 참새 방앗간이었던 문방구가 문을 닫는다고 했을 때는 '주거지의 사막화'라는 좀 멋진 단어를 떠올리기도 했다. 이제 그 자리에는 웬 부동산만 가득하다.

이건 우리 동네만의 이야기가 아니다. 어쩌다 옛 추억의 길을 더듬어 찾아보면 낯선 사람의 낯선 공간만 있을 뿐 나를 기억하는, 내가 기억하는 무엇 하나 없다. 세련된 건물이 즐비한 젊은 감각의 거리는 어렵다 어렵다 하면서도 우리나라가 발전하고 있다는 증거니 기뻐할 일이지만, 그래도 작은 서운함이 남는 것 역시 솔직한 내 마음이다.

## 뒷동네 주택가

이렇게 몸담고 있는 거리도 그 변화가 눈에 보이는데, 친정이 있는 도쿄의 주택가는 10년 전이나 20년 전이나 그게 그거라, 간혹 찾아가는 나에게는 시간을 잊게 하는 마법의 공간이다. 일본을 이야기할 때 '잃어버린 20년'이라 하는데, 그 때문에 시간이 멈춘 건 아닌 것 같다. 도쿄의 중심가 신주쿠에서 그리 멀지 않은 곳이지만, 가까운 지하철역에서 20분은 더 걸어서 들어가야 하는 조용한 주택가라서 그럴 수도 있다.

평범한 가정집 두 집 건너 뜬금없이 두붓집이 있고, 다섯 집 건너서는 이발소가 있다. 허름한 건물 1층의 작은 창으로는 안이 보이지 않지만 이발소의 상징인 삼색 기둥이 돌아가고, 머리 감기가 얼마니 컷이 얼마니 하는 세세한 가격표까지 있는 것으로 보아 영업을 하기는 하는 모양이다. 그리고 또 몇 집 건너서는 나무 미닫이문의 카페가 있다. 간판에 새겨진 '가배(珈琲: 커피)'라는 글자가 세월을 말한다.

하부는 거리로 흘러나오는 진한 커피 향이 너무 좋아서 가게의 문을 조심스럽게 열었더니, 바 테이블에 서너 사람이 앉아 있고, 머리도 수염도 하얀 노신사 마스터가 이들 앞에서 마치 공연이라도 하듯이 커피를 내리고 있었다. 낯선 얼굴인 나를 보자 마스터뿐만 아니라 손님들까지 시선을 집중했는데, 딱 봐도 모두가 오랜 단골 같았다. 순간 그들의 아지트를 침범한 것 같아서 멈칫했지만, 그 또한 궁금한 세상이었다.

## 돌지도 않고 쓰러지지도 않는 팽이

이런 가게가 존재하는 것은 그곳이 뒷동네 주택가이기 때문일까. 더 번창하지도, 없어지지도 않는 비결이 궁금하다. 마치 돌지도 쓰러지지도 않는 요술 팽이를 보는 것 같다. 모자라지도 넘치지도 않는, 유지할 수 있을 만큼의 에너지가 있어야 가능한 일이니 그 에너지가 참으로 수상하다. 친정 엄마의 주름이 늘어나는 만큼 이 동네가 늘어간 건 사실이다. 그렇다고 20년, 30년 전 더 젊고 활기찬 곳도 아니었다. 현관 앞 작은 화단에 이름 모를 꽃이 피고 오늘이 어제 같고, 오늘과 같은 내일이 영원히 이어질 것만 같은 골목길에 벚꽃이 휘날린다.

4월 말부터 5월 초까지 '황금연휴'가 시작된다. 긴 연휴 일본을 여행한다면 한 번쯤 조용한 주택가를 걸어보기 바란다. 행여나 허름한 뒷골목에서 커피 향이 난다면 문을 열고 들어가 보면 좋겠다. 한·일 외교는 소홀해졌다고 하지만, 뒷골목의 사람들은 우리를 따뜻하게 맞아줄 것이 분명하다. 이제는 가이드북에 없는 나만의 도쿄를 즐길 수 있는 시간이 아닐까 생각한다.

# 일본 선물

일본에서 고등학교를 졸업하고 한국에서 대학 생활을 시작한 1984년부터 나의 여름은 '일본 나들이'의 기억으로 채워진다. 학생일 때는 서울로 유학 온 친구들이 방학을 맞아 귀향하는 것과 같은 마음으로 일본에 갔다. 서울에서 직장 생활을 할 때 역시 휴가 기간이 7월 말에서 8월 초 일주간인지라 이 시간을 어머니가 계시는 일본에서 보냈다. 결혼 후에도 친정 나들이는 역시 여름이었다. 여름을 고집한 것이 아니라 아이들 방학 때 움직이다 보니 어쩔 수 없는 선택이었다.

유난히 습하고 뜨거운 도쿄의 여름, 태풍의 길목에서 요란을 떠는 일본의 여름을 나는 매년 찾아갔다. 일본 친구들은 견우와 직녀가 한 해에 한 번 만나는 칠석날을 들먹이면서 나를 "칠석날의 그녀"라 하더니, 언제부터인가 "칠석날의 아줌마"라고 했다.

## 일본에서 찾았던 물건

서론이 길어졌는데, 사실 내가 이야기하고 싶은 건 이게 아니다. 1989년 해외여행 자율화가 시작되기 전부터 매년 일본을 들락날락하는 나에게는 이런저런 것들을 부탁하는 사람들이 항상 있었다. 1980년대, 코끼리 그림이 그려진 밥솥을 부탁받았을 때는 난감했다. 상상하기 바란다. 청바지로 한껏 멋을 부린 여학생이 공항에서 커다란 밥솥을 들고 나오는 모양새를 말이다. 그뿐인가. 당시 우리나라는 자국 공산품을 보호하기 위해 어지간한 전자 제품은 수입이 금지되어 있었기 때문에 밥솥을 들고 공항을 통과하는 일은 참으로 민망스러운 짓이었다.

밥솥에 비하면 워크맨이나 카메라 같은 것은 크게 힘든 심부름이 아니었다. 어차피 한 번 정도는 대형 전자 상가를 들러서 개인적으로 욕심나는 시계도, 전자사전도 찾아야 했기 때문에 이 정도의 수고는 얼마든지 할 수 있는 일이었다. 단, '우리는 언제 일본처럼 말끔한 제품을 만들 수 있을까?' 이런 생각이 마음을 무겁게 했다.

시간이 지나면서 부탁하는 물건도 달라졌다. 매번 턴테이블의 바늘을 부탁하는 선생님이 계셨는데, 이런 물건을 부탁받으면 기분이 좋았다. 오디오 매장을 찾아서 고급스러운 음색을 아는 척 흉내 내는 일도 즐거웠다. 고서를 부탁받는 일도 좋았다. 헌책방을 뒤지고 돌아다니면서 지적 허영심을 채웠다. 반짝거리는 좋은 것이 아니라 일본에서만 구할 수 있는 독특한 물건을 찾는 일은 국산품 애용만이 애국이라고 생각하는 어린 마음의 짐을 조금이나마 덜어주었다.

이후 우리의 물건들이 일본 것 못지않게 좋아지고, 일본을 가볍게 드나들게 되면서 일본에 가면 무엇을 사오라고 부탁받는 일이 없어졌다. 간혹 우메보시나 미소 같은 것을 부탁하는 사람이 있었지만 우리나라 대형 마트에 다 파는 것들이라 귀국 후 사다 드리는 것으로 짐을 덜었다.

### 이제는 캐릭터 상품

올여름에도 나는 딸아이를 데리고 친정 나들이를 했다. 세상은 참 편리하다. SNS에 여름을 일본에서 보낸다는 글을 남겼더니 여기저기에서 연락이 왔다. 나의 행방을 알고 도쿄에서 차 한잔하자는 친구, 어머니 안부를 묻는 친구 등등 다양하다.

환갑이 넘은 대선배님으로부터 "웃기는 부탁 하나 합시다"라는 사진이 담긴 메시지를 받았다. 하마를 닮은 캐릭터 '무민'의 핸드폰 고리를 하나 사달라는 것이다. 친구 중에 무민 캐릭터를 수집하는 이가 있는데 최근 우울해하니 오지랖 넓게 이거 하나 선물하고 싶다는 설명을 덧붙였다. 딸아이는 "핀란드 작가의 캐릭터인데 왜 일본에서 찾지?"라 하면서 이때가 기회라는 듯이 캐릭터 가게를 찾기 시작했다. 하기야 캐릭터 왕국에 그 유명한 무민이 없을까. 그러는 중 또 한 사람으로부터 문자를 받았다. 중학생한테 선물하고 싶으니 '짱구' 캐릭터 용품을 사다주기 바란다는 것이다.

이래저래 수소문 끝에 우에노역 앞에 캐릭터 전문 가게가 있다는 정보를 입수했다. '과연 짱구는 있을까, 무민은 있을까?' 이런 생각을 하면서 찾았는데, 역시 기우였다. 지하 1층에서 지상 7층까지 각종 캐릭터가 공간을 꽉 메우고 있었다. 짱구는 3층, 무민은 지하 1층에서 코너 하나를 차지하고 있었다.

디즈니 캐릭터, 헬로 키티, 도라에몽, 호빵맨 없는 게 없다. 보는 것마다 신기하고 잡히는 것마다 재밌다. 짱구는 유치원생이라서 그런지 캐릭터 상품이 다 유치하다. 도시락이니 연필이니 수건 정도다. 무민은 고급스럽다. 상당한 가격의 티스푼 세트도 있고 커피 잔도 있다. 아이들만이 아니라 할머니도 수집하는 캐릭터니 어쩌면 이런 것들이 있어 당연하겠다. 그나저나 다양한 크기의 무민 인형이 있었지만, 아쉽게도 선배님이 부탁한 18cm 크기의 무민은 없었다. 비슷한 것을 하나 골라 계산대에 올리는데, 딸아이가 에릭 칼(Eric Carle)의 '배고픈 애벌레' 인형을 슬쩍 올리고 애교를 부린다. 그래, 이곳에 오면 누구나 동심으로 돌아가는 거지. 못 이기는 척하면서 아기 팔뚝만 한 애벌레 인형의 가격을 확인했다. 그리고 또 하나를 확인했다. "MADE IN CHINA".

선배님께서 사진으로 보내준 것과 똑같은 무민 캐릭터를 구하지 못해 못내 아쉬움이 남았는데, 귀국하기 바로 전날 도쿄역 지하에 캐릭터 타운이 있다는 말을 들었다. 짐을 다 꾸리고 무민을 찾아 나섰다. 어마어마한 크기의 도쿄역을 이리 헤매고 저리 헤매다 계단을 내려가자마자 입이 딱 벌어졌다. 온 천지가 캐릭터 가게다. 무민 캐릭터만 파는 가게도 있었다. 수요층이 있으니 영업이 가능하겠지. 별걱정을 다 하면서 이것저것 보는데 황홀했다. 그런데 여기도 선배님이 말씀하신 것과 같은 인형은 없었다. 얼마나 다양하게 만들었으면 이 많은 무민 인형 중 똑같은 게 없을까.

21세기, 일본 여행은 이제 화젯거리도 아니다. 선물이라고 굳이 살 물건도 없다. 우리나라에 없는 게 없으니 말이다. 그래, 중국에서 만들고 일본에서 파는 캐릭터 상품 말고 또 뭐가 있을까. 아들 선물은 도라에몽 매장에서 구입한 테니스용 손목 보호대다. 고양이 방울이 달려 움직일 때마다 소리가 나는 이것을 좋아할 게 분명하다.

# 인사말

　일본에는 어떤 인사말이 있을까? 학기 초 첫 수업이라 아직 히라가나도 공부하지 않았지만, 학생들은 상당히 많은 인사말을 알고 있었다. 그만큼 일본은 우리 젊은이들에게 멀지 않은 나라 아니겠는가.

　강남의 한 회전 초밥집을 갔더니 "이랏샤이마세"를 시작으로 먹고 나가는 뒤통수에다 "아리가토고자이마스"까지 참 씩씩하게도 인사를 해서, 일본말을 잘하는 친구들만 일할 수 있는 곳인 줄 알았는데 그렇지는 않았다.

　일본까지 10만 원대로 오고 가는 저가 항공편이 있다면서 아르바이트로 주머니에 돈이 생기면 주말을 이용해 일본을 다녀오는 친구들도 있다. 그러니 인사말 한두 마디 정도는 나도 알고 있다고 손을 든다.

## 우리도 알고 있는 인사말

'오하요고자이마스', '곤니치와', '곤방와'. 아침, 점심, 저녁마다 때를 달리하는 인사말이 따로 있다고 거들먹거리면서 설명하는 한 친구의 말에 감탄이 쏟아졌다. 나는 선생이니 조금은 더 자세하게 설명해야겠다. 많은 이들이 알고 있지만 그래서 더 어려운 인사말에 대해서 말이다.

'오하요고자이마스(おはようございます)'는 아침 인사다. 우리의 '안녕히 주무셨습니까'라는 의미도, 영어의 'Good Morning'이라는 의미도 다 담고 있다. 그러니 오전에 만나는 사람들에게는 이 인사말이 가장 좋다. '오하요'만 쓴다면 반말이니 아랫사람이 윗사람에게는 쓸 수 없다. 그렇다고 '오하요고자이마스'를 윗사람이 아랫사람에게 쓰지 않는 것은 아니다. 할머니가 손녀딸에게도 이 말을 쓸 수 있으니 우리는 '오하요고자이마스'라고 기억하는 것이 더 좋겠다.

그런데 '오하요고자이마스'는 아침에만 쓰는 인사말이 아니다. 어떤 일을 시작할 때도 이 인사말을 쓴다. 그러니 밤 11시에도 12시에도 쓸 수 있는 인사말이다. "지금부터 시작합니다"와 같은 의미도 가지고 있기 때문이다. 곤니치와와 곤방와에는 이런 의미가 없으므로 일을 시작하기 전에는, 설사 야간일지라도 '오하요고자이마스'라는 인사말이 오간다. 그렇다고 반드시 이것을 써야 하는 것은 아니다. 인사말은 내가 할 수 있는 편한 말로 하면 된다. 중요한 건 웃는 얼굴이다.

일본 사람들의 입에 붙어 다니는, 죄송하다는 의미의 '스미마센(すみません)'이라는 인사말도 재미나다. 길을 가다 살짝 스쳐도 '스미마센', 가게에 들어가서 '나 좀 보세요' 하고 말을 걸 때도 "스미마센"으로 시작한다. 그렇다면 죄송하다기보다는 실례한다는 의미일까. 지하철에서 발이 밟히면 '스미마센'이라고 하고 밟은 사람도 '스미마센'이라고 한다. '밟혀서 죄송합니다', '밟아서 죄송합니다'가 아니라, '저기요, 발 좀 치워주세요'라는 말이고, '아이구, 죄송합니다'라는 말이다.

사실 인사말이란 대상을 두고 하는 말이라 서로 공을 주고받는 것처럼 말이 오고 가야 제맛이다. 상대의 인사말에 대해서 적절한 인사말이 있어야 한다. 상대의 인사를 무시하는 것은 훗날의 불화를 예고하는 것이고, 엉뚱한 답변 역시 그 사람의 교양을 의심하게 한다. '다녀오겠습니다(いってきます)'와 '잘 다녀오십시오(いってらしゃい)', '다녀왔습니다(ただいま)'와 '잘 다녀오셨습니까(おかえりなさい)' 등의 인사말이 한 쌍을 이룬다. 처음 만났을 때, '처음 뵙겠습니다(はじめまして), 잘 부탁드립니다(よろしくお願いします)'라고 하면 '저도요(こちらこそ)'라고 마치 약속이라도 한 것처럼 인사말이 오고 간다.

### 덕분에 잘 살았다고?

오래간만에 만났을 때의 인사는 어떨까. '오래간만입니다(久しぶ

りです), 잘 지내셨나요(お元気でしだか).' 여기까지는 별반 특별한 것이 없다. 그런데 다음이 어떻게 이어질까. '네, 잘 지냈습니다. 당신은요?' 이건 중학교 영어 교과서에서 본 기억이 있다. 그런데 여기는 일본이다. 일본 사람이라면 어떻게 할까. 재밌게도 그들은 '덕분에(おかげさまで)'라고 답한다.

오랫동안 보지도 못했는데, 무슨 덕분에 잘 살았다는 뜻인지 모르겠다. '내가 당신을 다시 만나는 날 잘 살고 있는 모습을 보이기 위해 열심히 살았으니, 그러니 이렇게 잘 살고 있는 것은 당신 덕이다' 이런 의미를 담고 있는 것일까. 여하튼 이렇게 답하는 것이 관례다. 오만 가지 신들이 존재하는 나라인지라 세상만사에 대한 '감사'를 이렇게 표현하는 것인지도 모른다. 내가 잘 지낸 것은 산신이, 바다신이, 붓신(筆神)이, 젓가락신이 별 탈 없이 잘 살게 지켜주었기 때문이라는 뜻인지도 모른다.

며칠 전 초등학교 동창들을 만났다. 나에게 이런 '만남'이 있었다는 것조차 잊고 산 지 30년은 훨씬 지난 것 같다. 대구 사람들이라 지네들끼리는 곧잘 만난 모양인데, 타지에서 사는 나에게는 반가움과 함께 살며시 어색한 순간이었다. 그리 존재감이 있는 아이도 아니었으니 '넌 누구니?'라고 하면 어쩌나 하는 두려움도 있었다. 그런데 기억이 가물가물한 한 친구가 다가와서 "야, 가시나! 니 안 뒈지고 살았네"란다. 억센 억양에 너무 놀라서 한 걸음 뒤로 물러섰지만, 친구의 이 말에 나는 시산도 공산도 넘어 그 집단 속으로 쑥 끼어들었다.

그래, 이거야말로 살아 있는 인사말이 아니겠는가. 고맙다 친구야!

# 양력과 음력

### 내 생일은 양력 9월 22일

추석 일주일 전, 9월 22일이 내 생일이다. 때마침 배달된 추석 선물 꾸러미는 모두 내 생일 선물이라고 우기며, "이놈의 인기는 어쩔 수가 없어"라면서 우쭐댄다. 양력 9월 22일은 음력 8월 15일 우리의 한가위 언저리에서 맴돌다 보니 내 생일은 추석 때문에 묻히기도 하고 때로는 덕을 보기도 한다.

"이번 생일에는 초콜릿 케이크를 먹고 싶다"는 작은 소원을 두고, "추석이니 케이크 같은 건 생각도 말라"고 단칼에 거절하는 엄마의 말에 이불을 뒤집어쓰고 서럽게 울었던 날도 있다. 그런가 하면 이 날이 마침 추석이라 생일상을 크게 받아본 적도 있다.

1991년의 일이다. 이장호 감독의 촬영팀을 따라나선 사할린에서 추석을 맞이했다. 마침 음력 8월 15일이 양력 9월 22일이었다. 당시 사할린에는 '대자연' 빼고는 아무것도 없었다. 칫솔을 잃어버린 배우는 그것을 구하지 못해서 한 달 내내 양치질을 못 했다는 믿지 못할 이야기도 있다. 이런 곳이었지만 어디서 구했는지 다들 선물을 하나씩 건넸다. 꽃다발도, 마트료시카도 받았다. 김지미 여사는 케이크를 준비해왔다. 내가 기억하는 가장 화려한 생일날이었다.

이제 몇 살이냐고 물으면 나도 모르겠다며 "뱀띠"라고 말한다. 그러면 다들 나보다 한 살 많네, 두 살 어리네 하면서 나이를 셈한다. 띠는 음력으로 따진다. 음력으로 돼지해 12월이 생일인 우리 딸의 양력 생일은 쥐해 2월이다. 딸아이는 "돼지띠가 아니라 미키마우스 띠"라고 우기지만 그래도 띠는 돼지띠다. 띠를 가지고 나이를 따지면 그것은 '세는나이'이고, 생일날을 가지고 나이를 따지면 그보다 나이가 줄어드는 '만 나이'다. 말하는 시점이 생일 전이면 두 살, 생일이 지났으면 한 살 준다. 공식 서류에는 '만 ○세'라면서 생일을 기준으로 하는 나이를 쓴다. 그러나 생활 속에서는 세는나이를 주로 사용하는 것이 우리의 정서다. 이러니 나는 어느 쪽이 진짜 내 나이인지 헷갈리고, 그러는 사이에 언제부터인가 내 나이가 몇인지 모르는 채 살고 있다.

시집간 첫날 나는 큰형님으로부터 '집안 행사 날'이 빼곡히 적힌 메모를 받았다. 조부모의 제삿날부터 아버님, 어머님의 생신 그리고 조카들 생일까지 A4 용지 한 장을 채우고 있었다. 메모지의 날짜

중 제사는 당연히 음력이고 시어른의 생신 역시 음력인데, 그다음은 음력 날짜인지 양력 날짜인지 하나하나 확인해야 했다. 대개 우리 또래의 생일은 음력이고, 조카들의 생일은 양력이었다.

페이스북에서 누구의 생일이라는 글을 보고 축하 메시지를 보냈더니 "내 생일은 음력이랍니다. 오늘이 아닙니다"라는 글을 받았다. 이런 일은 우리가 생활 속에서 음력과 양력을 같이 사용하고 있기 때문이다. 조선 시대 말부터 양력을 사용하면서 공식적 행사는 대부분 양력을 사용하지만 설과 추석, 정월 대보름, 사월초파일, 단오와 같은 우리 고유의 명절은 음력을 사용한다. 각 가정에서는 제사와 생신을 음력으로 치르는 경우가 대부분이다. 우리 집도 아빠의 생일이 매년 달라지니 헷갈린다고 툴툴거리지만 오랜 약속이라 어쩔 수 없다.

## 일본 친구의 사주팔자

한국을 찾은 일본인 친구 중에는 점집에 가고 싶어 하는 이가 있다. 한국의 토속 샤머니즘을 운운하면서 '무당'을 보고 싶어 한다. 나도 딱히 단골이 있는 것이 아니라 대학가의 '사주 카페' 같은 곳으로 데리고 가는데, 항상 문제가 되는 것은 이들이 자신의 '사주'를 모른다는 것이다. 사주란 태어난 연월일시의 네 간지인데 당연 음력의 날이다.

일본은 서양 문화를 받아들이면서 문명개화를 시도했고, 1872년

태음력을 폐지했다. 이후 일본에서는 모든 행사를 양력에 따랐다. 새해를 시작하는 설은 물론이고, 단오도 칠석제도 양력 5월 5일, 7월 7일이 그날이라고 한다. 그러니 자신의 음력 생일을 알 리가 없다. 하물며 '음력'이라는 게 있다는 것을 지식으로는 알지만, 이렇게 생활 속에서 쓰이고 있다는 것에 대해서는 의아해하는 사람도 있다. 그래도 최근에는 양력 생일을 가지고 음력 생일을 바로 검색할 수 있으니 점을 보는 데도 별문제 없다.

일본 친구들도 점 보는 것을 좋아한다. 혈액형, 별자리, 손금, 카드 점 등이 유명한데 이 중에서 굳이 생일을 가지고 보는 게 있다면 별자리 점이다. 태어난 달과 날에 해당하는 별자리를 찾고 그것으로 운세를 점친다. 우리나라 젊은이들 사이에서도 유행하는 것이니 처녀자리, 전갈자리 같은 단어를 들어본 적이 있을 것이다. 이것은 물론 양력의 날을 가지고 점친다.


### 내 나이는?


우리나라 학생들이 일본 친구를 만나 인사를 나누는 장면을 보면, 몇 살이냐는 질문에 살짝 당황하곤 한다. "한국 나이로는 △살인데, 일본 나이로는 ○살이다"라고 친절하게 말하고 한국의 나이 세는 방법에 대해서 구구절절 설명하면서 이야기가 삼천포로 빠지는 경우도 있다. 그럴 필요 없다. 그냥 '만 ○살'이라고 하면 된다. 그들은 메이지 이후 '탈아입구(脫亞入歐)'를 지향하면서 더 이상 동양 고유의 방식에 대해서 알려고 하지도 않고, 알고 싶어 하지도 않는다.

올해도 내 생일 9월 22일은 추석 연휴 전날이라 분주할 시간이다. 내 생일은 이렇게 매년 추석을 염두에 두지 않을 수 없는 날이다.

# 신도의 나라 일본의 정월

새해를 맞이하고 벌써 보름이 지났다. 이맘때가 되면 정월이라고 장식했던 이런저런 것들을 정리한다. 마치 크리스마스 다음 날 트리의 불을 끄고 다시 시작하는 하루를 맞이하기 위해서 김빠진 맥주잔을 치우고 아침상을 준비하는 그런 모양새다. 뭔가를 기다리고 준비하는 들뜬 마음이 아니라 차분한 가운데 일상을 맞이하는 의례다. 어쩌면 모든 일의 '시작'은 여기서부터가 아닐까 생각한다.

일본에서 '설'이란 원래 '도시가미(年神)'라는 신을 맞이하는 날이다. 도시가미는 일본 고유의 다신교적 신도(神道)에서 비롯된 것이니, 이른바 도시가미는 일본의 수많은 신 중 정월에 찾아오는 신이라고 이해하면 된다.

일본 민속학의 개척자인 야나기타 구니오(柳田國男, 1875~1962)

는, "도시가미란 한 해의 수호신, 풍작을 가져다주는 농경신, 가족을 지키는 조상신을 하나의 신으로 신앙한 소박한 민간 신"이라고 규정한 바 있다.

## 신이 머무는 가도마쓰

여하튼 새해를 맞이한다는 것은 바로 도시가미를 맞이하는 행사니 이런저런 준비를 한다. 그 하나가 '가도마쓰(門松)'다. 대문 앞 양쪽으로 소나무와 대나무로 만든 장식물을 세운다. 나뭇가지에 신이 머문다는 생각에서 시작된 것으로, 가도마쓰는 바로 신이 머무는 안식처라고 할 수 있다. 또한, 신이 내려올 때 헤매지 않고 찾아올 수 있게 하는 표시이기도 하다.

고대로부터 상록수에 신이 머문다고 생각했는데, 그중에서도 소나무는 생명력, 불로장수, 번영의 상징인지라 채택된 것 같다. 게다가 소나무의 일본어 발음 '마쓰(松)'가 '제사 지내다', '신을 모시다'를 뜻하는 '마쓰루(祀る)'와 발음이 같다는 것도 한몫했다.

가도마쓰의 모양은 지방에 따라 다르지만, 대개 기다란 세 개의 대나무를 중앙에 세우고 그 둘레를 소나무로 장식한다. 그리고 아랫부분은 짚으로 감싸는 모양이다. 12월 13일 산에서 소나무를 잘라오는데, 이것이 바로 산에서 도시가미를 모시고 오는 의식이다. 이후 장식을 한다. 그믐날 장식하는 것은 성의가 없다고 해서 피한다. 29일(니주구니치)의 '구(9, く)'가 고생한다는 뜻의 '고(苦, く)'와 발음이 같다는 이유로 피한다.

가도마쓰를 장식하는 기간을 '마쓰노우치(松の内)'라고 한다. 이 기간은 신이 머무는 기간, 즉 신을 모시는 기간이라고도 할 수 있다. 이 역시 지방에 따라 차이가 있는데 대개 1월 7일, 또는 1월 15일쯤 가도마쓰를 정리한다.

양력 1월 14일에서 16일 사이를 '소정월'이라고 하며, 이때 연초에 장식했던 여러 가지 것들을 들판에서 태우는 행사를 한다. 신사 입구 등에서는 바깥세상과 구분한다는 의미의 굵은 새끼줄로 만든 금줄 '시메나와(注連縄)'를 볼 수 있는데, 새해에는 각 가정에서도 이 것을 장식한다. 이렇듯 소정월의 신사에서는 시메나와와 새해를 맞이하여 처음으로 쓴 붓글씨 '가키조메(書き初め)', 그리고 가도마쓰의 소나무가 타는 풍경을 볼 수 있다. 이 불로 떡을 구워서 먹고, 재는 집으로 가지고 와서 주변에 뿌리면 병에 걸리지 않는다는 속설이 있다. 가도마쓰와 금줄을 마련하는 것으로 새해의 신을 모시고, 그리고 이렇게 태우는 의식을 통해서 신을 다시 신의 세계로 돌려보내는 셈이다.

새해 첫날 이른 아침에 길은 정화수로 먹을 갈아서 불로장생을 노래하는 "장생전리춘추부, 불로문전일월지(長生殿裏春秋富, 不老門前日月遲)"와 같은 한시를 쓰고 이것을 태울 때 그 불꽃이 높이 올라가면 올 한 해 글을 잘 쓰게 될 것이라고 좋아한다.

## 가가미모치를 열어서 먹다

집에서는 신에게 공양할 떡을 준비한다. 크고 작은 둥근 떡 두 개를 쌓고 그 위에 귤과, 꼬치에 낀 곶감 등을 장식한다. 이것을 '가가미모치(鏡餠)'라고 하는데, 이름의 근원은 삼종신기(三種神器)에서 비롯된다. 삼종신기란 일본 신화 속 인물인 태양신 아마테라스 오미카미가 그 손자 호노니니기를 지상으로 내려보낼 때 준 세 가지 물건으로 거울, 옥구슬, 신검이다. 둥근 모양의 떡은 거울을 상징하고, 귤은 옥구슬을, 꼬치 곶감은 창을 뜻한다.

가가미모치 역시 지역에 따라 차이는 있지만, 1월 11일 또는 15일이나 20일에 먹는다. 이때 칼로 자르지 않고 나무망치나 손으로 쪼갠다. 칼은 할복을 연상하기 때문이란다. 또한 '자른다(切る)'거나 '깨다(割る)'라는 단어를 피하고 '열다(開く)'라는 단어를 고집하면서 가가미모치를 여는 행위를 '가가미비라키(鏡開き)'라고 한다. '열린다'는 것은 어쨌거나 미래를 향한 긍정적 의미를 담고 있다. 말장난일 수 있지만 작은 마음 씀이 보인다. 신들과 연관되어 있는 만큼 혹 불경스럽지 않을까 조심조심 새해를 맞이한다. 이 떡으로 단팥죽, 떡국 같은 것을 끓어서 먹는다.

진정한 한 해의 시작은 지금부터다. 신을 위한 행사는 이제 끝났다. 인간들은 인간들을 위한 시간을 이제 시작해야 한다. 신도의 나라 일본에서도.

# 물 쓰듯 쓰면 안 되는 물

내가 만약 직접 집을 짓는다면 일본 사람들처럼 만들고 싶은 공간이 있다. 이런 말을 하면 '다다미방'이 그렇게 좋으냐고 질문하는데, 내가 원하는 공간은 '다다미방'이 아니라 욕실이다. 우리처럼 한 공간에 세면대, 변기, 욕조가 같이 있지 않다. 일본은 대개 화장실과 욕실, 세면대가 분리되어 있다. 〈짱구는 못 말려〉의 짱구네 집을 생각하면 된다.

## 일본의 욕실 구조

일본 집이라고 하면 작기로 정평이 나 있다. 그런데도 화장실은 독립된 자리를 차지한다. 네 개의 기둥을 가진 가장 작은 방인 셈이다. 달랑 변기 하나만 있다. 혹 손 씻을 작은 세면대가 있다면 그건 상당히 큰 화장실이다. 욕실에는 욕조가 있고 한 사람이 앉아서 씻을 수 있는 정도의 공간이 마련되어 있다. 욕실 문을 열고 나오면 그 앞으로 탈의실이라고 할 수 있는 공간이 따로 있다. 대개 여기에 세면대가 있고 세탁기도 있다. 그러니 화장실, 욕실, 탈의실(세면대가 있는 공간)은 이웃하고 있지만, 각각 다른 문을 가진 구분된 공간으로 존재한다.

조금 더 자세하게 설명하겠다. 화장실은 정말 작은 공간이다. 과장해서 말하면, 나처럼 엉덩이가 큰 사람은 화장실 문을 열고 들어가 변기에 앉기 위해서 몸을 돌리기조차 어려울 정도라 나와서 뒷걸음으로 들어가야 한다. 바닥에 물을 뿌릴 일이 없으니 항상 뽀송뽀송하다. 바닥에 러그 같은 것이 깔려 있기도 해서 아늑한 느낌이다. 손을 씻을 수 있는 세면대가 없다면 아마 화장실 바로 옆방에 있을 것이다. 간혹 수세식 변기 물통 상부를 세면대 모양으로 만들어 일석이조의 효과를 노리기도 한다. 볼일을 보고 물을 내리면 물통에 들어갈 물이 나오는데 그 물로 손을 씻을 수 있게 만들어놓은 것이다. 이른바 앞사람의 손 씻은 물이 다음 사람의 용변을 해결해주는 구조다.

우리네 욕조는 서양식이라 얕고 넓다. 영화에서 보면 욕조에 다리를 쭉 뻗고 누워서 와인 같은 것을 마시면서 거품 목욕을 하는데 나는 한 번도 해본 적이 없다. 뽀독뽀독 소리가 나게 씻어야 개운하니, 비눗물이 몸에 남아 있을 것 같아서 싫다. 일본 욕조는 깊고 좁다. 들어가서 앉으면 어깨까지 물이 찬다. 몸을 데우기 위한 것이니 물은 항상 뜨겁다. 뚜껑이 있고 물이 식으면 그 물을 다시 데울 수 있는 장치가 구비되어 있다. 그러니 어제 사용한 물도 다시 데워서 쓴다.

욕조 앞 공간은 넉넉하지 않지만 아들이 아빠의 등을 밀어줄 정도는 된다. 바가지로 욕조의 물을 떠서 쓰기보다는 샤워기를 이용한다. 욕조의 물은 온 가족들이 차례로 쓸 것이고, 내일 다시 데워서 쓸 것이기 때문이다.

대개 욕실 앞의 탈의실에 세탁기가 있다. 세탁기가 부엌이나 베란다가 아니라 여기에 있는 데는 이유가 있다. 욕조의 물을 재사용하기 위해서다. 욕조에 받은 물은 온 가족이 사용하고, 그것을 데워 2~3일 더 사용하고, 그다음에는 빨래를 할 때 다시 사용한다. 욕조의 물을 양동이 같은 것에 담아서 옮기기도 하지만, 모터를 이용해서 욕조의 물을 세탁기로 옮기는 집도 있다.

섬나라 일본에는 물이 넘쳐날 것만 같은데, 지독하게 재사용을 하고 아낀다. 우리는 물건을 헤프게 쓰거나 돈을 흥청망청 낭비할 때 '물 쓰듯 한다'는 말을 한다. 일본도 같은 뜻의 말로 '더운물 쓰듯 한다(湯水のように使う)'가 있다. 여기저기에서 펑펑 쏟아지는 온천이 많은 나라인지라 물이 아니라 더운물이라고 한 것 같다. 어쨌든 그들은 '물 쓰듯' 물을 쓰지는 않는다.


## 우리나라의 물 부족 현상

2013년은 UN에서 지정한 '세계 물 협력의 해'였다. 물 부족으로 고통받는 10억 명가량의 인구를 생각하며 세계인들에게 물 부족에 대한 경각심을 심어주자는 목표로 지정되었다. 놀라운 사실은 OECD에서 발표한 2050년「환경 전망 보고서」에 우리나라가 물 부족 현상이 가장 심각한 나라로 분류되어 있다는 점이다. 우리나라 강수량은 세계 평균 1.4배나 되지만, 인구밀도가 높아 1인당 연 강수량은 세계 평균을 밑돈다. 또한 강수량의 70%가 여름철에 집중되어 많은 물이 지하로 스며들거나 증발한다. 그러니 더 이상 물 쓰듯 물을 쓸 수 있는 입장이 아니다.

그럼에도 우리의 1인당 물 소비는 덴마크, 영국, 프랑스보다도 많다. 수자원공사에서는 "우리의 물 소비가 세계 최고 수준인 것은 싼 물값 때문"이라고 한다. 사실 $1m^3$당 지방 상수도 평균 요금은 610원으로 일본의 절반에도 못 미치고, 유럽과 비교하면 15~20% 수준이다. 그렇다. 그런데 과연 물값 때문만일까. 우리 생활 속에서 그냥 버릴 수밖에 없는 구조 역시 안타까울 따름이다.

우리 집 욕조에는 항상 물이 있다. 지난밤 목욕을 하고 차마 버리지 못한 물이다. 다용도실에 있는 세탁기까지 물을 길어가지는 못하지만 변기에 붓기도 하고 걸레를 빨기도 한다. 참 많은 물이다. 하루를 쓰고도 남는다. 더운물을 보태 세수도 하고 발도 닦지만 그래도 남는다. 오늘 다시 목욕하기 위해서는 그냥 버리고 뜨거운 물을 받아야 한다. 데워서 다시 쓸 수 있으면 좋으련만 그냥 버려야 한다.

# 마사코 빈이 궁금하다

왕실 이야기는 언제 어느 때나 황홀하다. 왕과 왕비가 탄 마차가 지나가고 가볍게 흔드는 손 인사에 사람들은 환호한다. 공주들의 화려한 드레스, 우아한 걸음걸이, 옅은 미소는 어린 시절 이불 속에서 맡은 동화책 냄새 그대로다.

### 특별한 인연 네덜란드

2013년 4월 30일 왕정 200주년을 맞이한 네덜란드에서는 왕세자 빌럼 알렉산더르(당시 46세)가 새 국왕으로 즉위했다. 이 나라는 선대 생존 시 왕위를 양위하고, 양위한 여왕은 다시 '공주'로 불리는 전통이라, 여든을 바라보는 베아트릭스 전 여왕은 이후 '할머니 공주'가 되었다.

빌럼 알렉산드르 국왕은 항공기 조종사이자 만능 스포츠맨이며 IOC 위원으로도 활동하는 멋진 남자다. 게다가 소탈한 성격이라니 국민들의 사랑을 받아 당연지사다. 그런데도 네덜란드의 공화주의자들은 국왕이 터무니없이 많은 돈을 받는다고 삭감할 것을 요구했고, 의회는 왕의 정치적 권한을 축소하는 법안을 2012년에 통과시켰다. 사실 유럽에서는 군주제 반대 운동이 확산되고 있다. 이런 이야기들이 화사한 봄날의 즉위식에 긴 그림자를 드리웠다.

지금 느닷없이 네덜란드 국왕의 즉위식을 운운하는 것은, 네덜란드 국왕 즉위식에 '적응 장애'로 10년 이상 요양 중이던 마사코 빈(당시 49세)이 나루히토 황세자와 함께 모습을 드러낸 이야기를 하고 싶어서다.

나루히토 황세자는 일찍이 네덜란드 국왕의 즉위식에 초청을 받았지만 마사코 빈의 참석 여부에 대해서는 확답을 하지 않았다. 그러자 황실 직속 기관인 궁내청이 행사 준비에 차질을 빚을 수 있으니 참석 여부를 빨리 결정해달라며 조용히 할 수도 있는 이야기를 기자회견을 통해 국민들에게 생중계했다. 이른바 황실 권위 유지에 중심적 역할을 담당해야 하는 궁내청이 황세자를 공개적으로 압박한 셈이다. 이로 말미암아 황세자 부부와 궁내청 사이의 갈등을 운운하는 이야기가 나오기도 했다.

마사코 빈은 2003년 12월 대상포진을 이유로 장기 요양을 시작했고, 2004년 7월 우울증의 일종인 적응 장애 진단을 받은 후 해외 방문은 물론이고 국내 행사에도 좀처럼 모습을 드러내지 않았다. 우울증의 원인으로는 고부간의 갈등, 아들을 낳지 못한 스트레스 등 여러 말들이 분분했다.

당시 마사코 빈의 네덜란드 방문은 최고의 화젯거리였다. 우여곡절 끝에 방문을 결정한 모양인데, 결정적 역할을 한 사람은 다름 아닌 막시마 왕비(당시는 왕세자빈)라는 소문이 자자했다. 즉위식을 앞두고 막시마 왕비는 마사코 빈에게 직접 전화를 해서 즉위식에 참석해달라고 요청했다. 아르헨티나 출신의 막시마 왕비는 결혼 전 은행원 생활을 했고, 마사코 빈은 외교관으로 활동한 국제적 커리어우먼이었으므로 두 사람은 서로 통하는 것이 있었던 모양이다. 그것뿐이겠는가. 평민 출신의 세자빈으로, 딸아이를 둔 엄마로서도 통하는 점이 있었을 것이다. 그러니 사적인 이야기도 나누었을 것이라고 사람들은 추측했다.

사실 마사코 빈과 네덜란드는 특별한 인연이 있다. 적응 장애로 힘든 시간을 보내고 있던 2006년, 베아트릭스 여왕의 초청으로 황세자 일가는 2주간 네덜란드에 체류한 적이 있다. 물론 마사코 빈의 요양이 목적이었다. 이때 네덜란드 왕실과 친교를 맺었다. 당시 마사코 빈의 아버지는 국제사법재판소 판사로 네덜란드에서 근무하고 있었다.

궁내청과 외무성은 11년 만에 이뤄지는 마사코 빈 네덜란드 외유가 '대성공'이었다는 사실을 알리기에 여념이 없었다. 외무성 관계자는 "네덜란드에서 마사코 빈은 높이 평가되었다. 유창한 영어를 구사했고, 일본의 '프린세스 스마일'은 커다란 외교 효과를 가져왔다. 결혼 당시부터 기대되었던 황실 외교는 이번 네덜란드 방문으로 제대로 평가를 받았다. 외무성은 황세자 부부의 외국 방문의 기회를 더 늘리고 싶다는 정책 제언을 생각하고 있다"는 발언을 했다. 하지만 마사코 빈은 귀국 후 다시 동궁 밖으로 나오지 않았다.

다행히 마사코 빈은 2014년 이후 건강이 회복되고 있으며, 황세자와 함께 이세신궁 참배 등 중요한 행사에 얼굴을 보이기 시작했다.

2014년 10월 29일 국빈으로 내일한 네덜란드 국왕 부부를 맞이하는 궁중 만찬회도 참석했다. 이 자리 역시 2003년 멕시코 대통령 부부 환영 이후 11년 만의 일이었다. 이날 네덜란드 국왕은 "2차 대전 중 일본군 포로가 된 네덜란드인이 받은 상처는 지금도 남아 있지만, 두 나라의 국민이 화해의 실현을 향해서 최선을 다한 결과 새로운 신뢰 관계가 만들어졌다"는 인사말을 남겼다. 등이 파인 야회용 예복과 티아라로 장식하고 등장한 마사코 빈은 옆자리의 네덜란드 외무부 장관과 줄곧 웃음을 나누었다.


### 우울증의 특효약


마사코 빈은 하버드대학에서 경제학을 전공했으며, 도쿄대학 법학부에 편입해서 다니던 중 외무고시에 합격한 재원이다. 빈은 외교관이 된 이유를 "남자와 여자가 차별 없이 일할 수 있는 분야라고 생각했기 때문"이라고 밝힌 바 있다. 5개 국어에 능통한 그녀는 아버지의 뒤를 이어 세계를 무대로 활약할 촉망받는 외교관이었다. 그런데 황세자와의 결혼으로, 남녀가 유독 유별한 공간 속에 갇혔다.

사실 황세자와의 만남은 근사했다. 1986년 스페인 공주 방문 시 외교관으로 황세자의 의전을 담당했던 것이 그 시작이었다. 황세자의 7년에 걸친 구혼, 그리고 결혼. 신데렐라 스토리보다 당당한 현대 여성의 로맨스로 충분히 화려했다. 그런데 이야기는 해피엔드가 아니라 여기서부터 다시 시작되었다.

1996년 6월, 미국의 ≪뉴스위크≫는 일본 황세자 빈의 결혼 3주년 특집 기사를 실은 바 있다. "초현대적 그녀가 궁중의 포로가 되어버린 것이 아닐까"라는 요지의, 안타까움이 담긴 글에서 그녀를 "황금 새장에 갇힌 황세자 빈"이라고 표현했다. 프랑스 언론에서는 "감금된 공주"라고 했으며, 2004년 미국 타임사의 ≪피플≫에서는 "프린세스인가 프리즈너(prisoner, 수감자)인가"라는 제목으로 마사코 빈을 소개했다. 황실 회의에서 만장일치로 간택받은 인물이지만 평민 출신이기 때문일까 "키가 크다", "나이가 많다", "외국 생활이 길어서 서구화된 사람이다" 등등 황세자 빈에 대한 트집은 끊이지 않았다. 약혼 발표 이후, 기자회견에서 황세자보다 30초가량 더 길게 말한 것마저 문제가 되었다.

급기야 마사코 빈은 황실의 무거운 공기를 이기지 못하고 우울증에 시달린 지 이미 오래되었다. 차차기 천황이 될 아들을 생산하지 못한 것도 큰 요인이었고, 왕실 외교에 의욕이 강했던 만큼 틀에 박힌 삶은 마음의 상처가 되었다.

일본에서는 마사코 빈이 병을 이유로 황실 행사에 참석하지 않는데 대한 비판도 날로 커졌다. "세금 도둑"이라는 말을 시작으로 차마 입에 담을 수 없는 욕설이 인터넷에 난무하고, 일각에서는 '황세자 폐위론'까지 제기되었다. 현 천황은 살아서 황위를 양위하겠다는 뜻을 밝혔고 그 이유가 여럿 제기되었는데, 그중 하나로는 지금의 황세자를 본인 살아생전에 '천황'으로 만들어서 훈련시키고자 한다는 말도 있다.

그러니 2014년 네덜란드 국왕 환영 만찬에 참석한 것은 국내외 관심사가 될 수밖에 없었다. 영국 ≪데일리 메일≫은 "마사코 빈이 왕실 시집에서의 고독한 싸움을 극복하고 만찬에 참석하다"라고 보도했다. 시집살이해본 사람은 알겠지만, 외부의 이런 말은 도움이 되지 않는다. 일본 보수 매체는 "마사코 빈 때문에 일본 황실의 전통이 외신으로부터 오해를 받게 되었다"면서 다시 황세자 빈에게 화살을 돌렸다.

다행히 활동의 폭이 조금씩 넓어지면서 그녀는 웃는 모습을 가끔 보이기 시작했다. 2015년에는 통가 국왕 대관식에 참여했으며, 황실 행사에도 모습을 드러냈다. 한편 마사코 빈의 딸 아이코가 공부를 상당히 잘해서 도쿄대학을 바라본다는 소식도 들린다. 한때 아이코가 이지메로 등교를 거부한다는 이야기도 있었는데, 지금은 아이코의 우수한 학업성적이 화제가 되고 있다.

여하튼 자식의 학업성적은 황세자 빈의 우울증도, 옆집 아낙네의 히스테리도 가실 수 있는 특효약이라는 사실은 틀림없다.

# 어르신 운전 중!

　　도로를 달리다 보면 초보 운전임을 알리는 문구를 달고 비실거리는 차량을 볼 때가 있다. 피하는 게 상책이라고 생각해 대개는 차선을 바꾸는데 간혹 재미난 문구에 천천히 뒤를 따르기도 한다.

"초보 운전! 당황하면 후진해요."
"무한 초보! 저도 제가 무서워요~."
"아이는 취침 중! 엄마는 긴장 중!"
"R아서 P해라."

　　애교스러운 글에서 폭소를 자아내는 글까지 다양하다. 얼마 전에는 "오대독자! 총각이 타고 있어요"라는 문구를 보고 살짝 옆으로 차를 대고 운전대 잡은 얼굴을 확인했다. 그런데 실망!

## 일본의 초보 운전

일본의 초보 운전자들은 자신이 초보임을 알리는 '초심 운전자 표지'라는 스티커를 부착해야 한다. 왼쪽 반은 노란색, 오른쪽 반은 초록색으로 된 화살 모양 스티커인데 마치 어린잎과 같은 모양이라 일명 '어린잎 마크'라고도 한다.

'도로교통법'상 면허를 취득한 지 1년이 지나지 않은 자는 반드시 이것을 차량 앞뒤 잘 보이는 위치에 게시할 의무가 있다. 잘 보이는 위치란 지상 0.4~1.2m라는 점도 명확하게 지시한다. 초보자 중에는 간혹 자신이 초보라는 사실이 멋쩍은지 부착하지 않는 경우가 있는데, 이것은 의무 위반에 해당하므로 벌점 1점과 벌금 4000엔이 부과된다.

'초보이니 운전이 서툴어도 너그러이 봐주십시오'라는 뜻이므로 주변의 차는 마크를 부착한 차량을 보호할 의무가 있다. 따라서 위험 방지를 위해서 어쩔 수 없는 경우를 제외하고는 초보 운전 차량을 옆에서 바짝 따라붙는다거나 끼어들기를 하면 역시 벌점 1점과 벌금이 부과된다. 벌금은 차량 크기에 따라 다른데 중대형차는 7000엔이다.

## 고령 운전자 표지

최근에는 초보 운전을 알리는 글만이 아니라 "어르신 운전 중"과 같은 글을 본 적도 있을 것이다. 일본에는 고령 운전자를 대상으로 한 표지도 있다. 70세 이상의 어르신들 중 신체 기능의 저하가 운전에 영향을 미칠 우려가 있을 경우 차량의 앞뒤에 이 표지를 부착하도록 권장한다. 의무가 아니므로 벌금은 부과되지 않는다. 단, 주변 차량에는 초보 운전자에 대한 것과 같은 벌금과 벌점이 부과된다.

재미난 것은 표지의 디자인이다. 1997년 처음 만들었을 때 왼쪽 반은 오렌지색, 오른쪽 반은 노란색으로 된 나뭇잎 모양의 표지였다. '어린잎 마크'와 쌍을 이룬다고 '단풍 마크'라고 하거나 '실버 마크', '고령자 마크'라고 했다. 그런데 혹자는 이것을 낙엽이라고 했다. '단풍'이 가지는 화사한 이미지와는 달리 '낙엽'의 쓸쓸한 이미지 때문에 비난의 대상이 되었다. "늙는 것도 서러운데 '낙엽'이라니"라면서 분노했다.

단풍이라고 하면 '단풍 든 산', '고운 단풍'과 같은 글이 생각나지만, 낙엽은 '낙엽 구르는 소리', '나뭇가지에서 낙엽이 질 무렵', '낙엽이 날리는 스산한 가을날'과 같은 글이 떠오른다. 낙엽은 고등식물의 잎이 말라서 떨어지는 현상인데, 그에 앞서 엽록소가 파괴되어 단풍이 든다. 그러니 무엇이나 제때가 있다는 뜻으로 "단풍도 떨어질 때에 떨어진다"는 속담이 있다. 단풍이나 낙엽이나 다르다고도 같다고도 할 수 없는 말이다.

일본에서는 만 50에서 69세까지를 실년(實年)이라고 한다. 결실을 맺는 시기라는 뜻이다. 그리고 만 70세가 넘으면 성숙했다는 뜻으로 숙년(熟年)이라고 한다. 그러니 '낙엽'이라는 단어와 연관되기를 바라지 않는 것도 당연한 일이다. 그래서 2011년 새롭게 고안된 것이 네잎 클로버에 하얀 S 자를 넣은 '네잎 클로버 마크'다. 현재는 둘 다 사용되고 있다.

그나저나 75세 이상 운전자로 인한 사망 사고가 크게 늘어나면서 '고령 운전자 표지' 정도가 아니라, 자동 브레이크 기능을 갖춘 자동차만 운전할 수 있는 '고령자 한정 면허' 도입도 추진 중이라고 한다. 또한 운전 지역과 시간을 제한하는 운전면허 도입도 검토하고 있다는 말이 들린다. 65세 이상 고령의 운전자가 면허를 반납하면 소정의 교통비를 제공하는 제도도 있다.

여하튼 일본에서는 도로 위에서 "미치겠지요? 저는 환장합니다"와 같은 기발한 문구를 접할 일이 없다.

# 레미제라블, 다섯 번의 만남

## 첫 번째 만남

『레미제라블』과의 첫 만남은 초등학교 5학년 때의 일이다. 동경 한국학교 도서실에는 주황색 하드커버의 계몽사 문학 전집이 있었다. 책을 좋아하는 학생은 아니었지만 그래도 도서실을 찾은 이유는, 한국에서 갓 전학 온 외톨이 사춘기 소녀가 남들과 타협하지 않고 자유로이 시간을 보낼 수 있는 유일한 공간이었기 때문이다.

새로운 것에 유독 적응하지 못했던 나는 새로운 것에 대한 두려움을 새로운 것에 적응하려고 노력하기보다는 내가 아는 '글'을 읽는 것으로 도망치고 있었다. 누구도 잘 찾아오지 않는 4층 구석진 창고 같은 방에는 정리되지 않은 책들이 쌓여 있었고, 나 역시 정리되지 않은 마음으로 많은 시간을 보냈다. 빵 한 조각을 훔치고 19년간 감옥살이를 했다는 장발장의 이야기에 나의 작은 가슴은 먹먹해졌다.

## 두 번째 만남

두 번째 만남은 중학교 때 독후감을 쓰기 위해서다. 이와나미 소년문고판 『레미제라블』 상·하 2권을 여름방학 내내 들고 다니면서 읽었다. 만화 『베르사유의 장미』에 매료되었던 시절이라 마리 앙투아네트를 둘러싼 이야기에 상당한 관심이 있었지만, 어디까지가 역사이고 어디까지가 허구인지 따질 여유도 없었고 『레미제라블』은 어렵기만 했다. 솔직히 작품의 배경이 되는 1815년부터 1832년 사이의 프랑스를 잘 이해하지 못하고 있었다. 1789년의 프랑스대혁명과 1871년의 파리코뮌을 연결해서 이해하기가 쉽지 않았다.

가타카나로 표기된 '판틴', '코제트', '테나르디에' 등의 서양 이름이 헷갈렸다는 기억만 있다. 일본 문자에는 히라가나와 가타카나 두 종류가 있다. 보통 히라가나를 쓰는데 외래어나 고유명사 같은 것은 가타카나로 쓴다. 문장 속의 수많은 가타카나 이름이 마치 길바닥의 돌부리처럼 걸려서 잘 읽히지 않았다. 어찌하랴 독후감은 써야 하니, 책장을 앞으로 되돌리고 다시 읽어나가기를 반복했다. 그래도 사춘기 소녀의 가슴은 코제트의 사랑 이야기에 설레었다.

## 세 번째 만남

세 번째 만남은 영국으로 어학연수를 떠났을 때다. 피커딜리 서
커스 지하철역에서 어학원으로 가는 길목에 커다란 눈방울의 여자
아이가 그려진 뮤지컬 〈Les Miserables(레미제라블)〉 간판이 1년 내
내 걸려 있었다. '왜 하필이면 코제트의 얼굴일까?' 살짝 의문을 품
고 코제트의 이야기를 떠올리기는 했지만, 그래도 들어가 볼 생각
은 한 번도 하지 않았다. 가난한 학생에게 뮤지컬은 다른 세상의 이
야기였고, 극장 밖 런던 골목골목에는 볼거리가 넘쳐났다.

1985년 런던에서 초연한 이래 한 번도 쉬지 않고 공연을 계속해
왔다는 사실을 안 것은 최근의 일이다. 다시 런던을 찾을 기회가 있
다면 이번에는 가장 먼저 극장을 찾아야겠다고 생각하는 것은 세월
때문에 생긴 여유인지 안목인지 모르겠지만, 꼭 그러고 싶다.

## 네 번째 만남

네 번째는 긴 시간 나를 옭아맨 박사 학위 논문을 제출하고 쉬지
도 달리지도 못하는 시간 속에서 멍하니 앉아 있던 주말 오후, 〈일
요시네마〉에서의 만남이다. 흑백이라고도 컬러라고도 할 수 없는
흐릿한 색에 친절하지도 않는 자막이었지만 소파에 몸을 기대고 조
용한 감동에 젖었다. 소설을 바탕으로 만든 영화가 20편이 넘는다
고 하니 그중 하나일 게다. 여하튼 어린 시절 글자 속에서는 읽지

못한 장발장과 자베르의 존재감이 벌떡 다가왔다.

## 다섯 번째 만남

그리고 다섯 번째 만남. 2012년 12월 19일 대통령 선거일에 개봉한 휴 잭맨 주연의 〈레미제라블〉이 흥행 돌풍을 일으키면서, 연말연시 모임에서는 〈레미제라블〉에 대한 이야기가 한 자리를 차지했다. 영화를 봤니 안 봤니, 재미있니 재미없니 하더니 언제부터인가 다섯 권이나 되는 방대한 분량의 완역본을 읽기 시작했다는 이가 하나둘 나오기 시작했다. 급기야 우리 공군이 패러디했다는 '레밀리터리블'에 대한 이야기까지 한몫했다.

사실 흥행 돌풍을 일으키고 있다고 하지만, 뮤지컬 배우가 아닌 할리우드 배우가 그것도 다 아는 내용을 가지고 얼마나 감동을 줄 수 있을까 의문을 가지면서, 조조영화 예매를 후회하기도 했다. 이른 아침이라 졸릴 수도 있으니 말이다.

기우였다. 웅장한 첫 장면부터 매료되어 팝콘도 바닥에 내려놓았다. 하이라이트는 바리케이드 장면이었다. 참으로 오랜만에 'revolution'이라는 단어가 들렸다. 4분의 4박자의 혁명가는 1980년대 대학가를 연상케 했다. 〈레미제라블〉의 주제는 결코 민중 혁명이 아니다. 그런데도 첫 번째, 두 번째, 세 번째, 네 번째의 만남에서는 보이지 않았던 이 부분이 이번에는 뚜렷한 색깔을 가지고 두드러졌다.

매번 만날 때마다 다른 장면이 읽히는 건 분명 『레미제라블』이

대작이기 때문일 것이다. 엄청난 분량의 글을, 나는 오랜 세월에 걸쳐서 장님이 코끼리 다리 만지는 것처럼 더듬고 있다. 완역본을 읽기 시작한 아들놈이 "책에서 장발장이라는 이름은 100쪽이니 넘겨야 비로소 나온다고"라면서 거들먹거린다. 이제 드디어 '장발장'이라는 단어를 찾은 모양이다. "우리가 아는 장발장 이야기는 부분에 불과해. 이 책은 사실 19세기 초 프랑스 사회와 풍습, 그리고 다양한 문제에 관한 빅토르 위고(Victor Hugo, 1802~1885)의 해박한 견해가 서술된 책이라고 할 수 있지." 어디서 주워들었는지, 빅토르 위고의 『레미제라블』에 대해서 모든 것을 다 터득했다는 얼굴로 상당히 잘난 척을 하면서 완역판 한 권을 들고 마룻바닥을 뒹군다.

이해 동창 모임에서도 화제의 중심에는 『레미제라블』이 있었다. 2556쪽이나 되는 방대한 분량의 소설을 완독했다는 이가 "소설이 훨씬 재미있다. 영화는 몇몇 등장인물 중심으로 사건이 집중되지만, 소설은 수많은 캐릭터가 입체적으로 또 개별적으로 19세기 초의 프랑스를 그리고 있다"라고 했다. 그래도 다섯 권이나 되는 이 책을 선뜻 잡을 생각은 감히 하지 못했다.

『레미제라블』은 결코 혁명과 폭력 중심의 작품이 아니며 특정 정파를 옹호하는 정치 소설도 아니다. 그런데도 이날 모인 사람들이 1980년대 학번인지라, 후반부 바리케이드 장면에 초점이 맞추어졌다. 마리우스를 두고 '강남좌파'라고 일컫는가 하면, 1980년 광주가 떠오른다는 등의 이야기도 있었다.

시인이자 소설가이며 각종 예술의 비평가로 ≪르뷔 드 파리≫의

편집장이기도 했던 테오필 고티에(Theophile Gautier, 1811~1872)는 "『레미제라블』은 한 인간의 작품이라기보다 상황과 자연에 의해 창조된 작품"이라고 평가한 바 있다. 1789년 대혁명 당시 프랑스의 국고는 바닥나고 과도한 세금 징수와 자연재해로 민중의 삶은 고통과 좌절의 연속이었다. 반면 귀족과 성직자들은 기득권 유지에 여념이 없었다. 그러니 1848년 2월 혁명으로 제2공화국이 수립되기까지 노동자와 학생들의 봉기에 따른 혁명적 분위기는 위고 작품에 영향을 미치지 않을 수 없었다.

# 레미제라블, 여섯 번째 만남
# 그리고 무사도

## 여섯 번째 만남

"Do You Hear the People Sing~." 사람들은 이 리듬을 흥얼거리며 '억압된 사람들을 위한 노래'니 '억압에 항거한 민중 혁명' 운운하는데 여하튼 노래는 참 좋다. 원작 소설을 가지고 뮤지컬이 만들어진 것은 1980년대의 일인데, 원작의 휴머니즘적 감동보다는 무대와 노래에 더 초점이 맞추어졌다. 총 2부로 이루어지는데 2부는 온통 혁명 이야기다. 그러니 뮤지컬은 원작 소설과는 다른 감동을 품고 있다.

뮤지컬이 보고 싶어졌다. 그렇다고 런던행 비행기를 탈 수는 없는 노릇이다. 이럭저럭 몇 해가 지났다. 우연히 한 친구가 DVD를 가지고 있다고 자랑하기에 당장 빌려보기로 했다. 엄청 기대하면서 볼륨을 올리고 자리를 잡았다. 1995년 〈뮤지컬 레미제라블 10주년 기념 콘서트〉 때의 것이다. 무대가 참 단순하다. 오케스트라가 무대 뒤쪽을 차지하고 그 앞에 배우들이 의자에 앉아서 대기하다가 자신의 순서가 되면 나와서 노래를 부르는 식이다. 어떤 화려한 무대 장식도 배우들의 움직임도 없다. 스탠드 마이크 앞에서의 열창만이 무대를 채웠다. 그래서일까, 감동이 더 선명하다.

이야기 전개는 영화를 통해서 숙지했고, 장면 장면에 대한 이해는 이미 다섯 번의 만남 속에서 해석되었다. 미리엘 신부의 사랑과 용서, 장발장의 희생과 봉사, 이런 것들을 읽어나가는 사이에 나는 그 저변에 깔려 있는 '구원' 그리고 '신(神)'이라는 키워드를 떠올렸다. 여섯 번째 만남, 여섯 번째 느낌이다.

## 니토베 이나조의 무사도

동시에 일본 근대의 최고 지식인으로 평가받는 교육자이자 사상가인 니토베 이나조(新渡戶稻造, 1862~1933)가 『무사도(Bushido: The Soul of Japan)』를 집필하게 되는 이야기를 연상했다. 그는 미국과 독일에서 공부했으며 일본의 세계화, 근대 교육에 큰 업적을 남긴 사람이다. 독실한 기독교인이었고, 아내는 미국 여성이었다. 도쿄여자대학의 초대 학장이며 국제연맹의 사무차장을 역임했다. 일본이 자랑스럽게 생각하고 세계적으로 잘 알려진 인물이라는 이유로 1984년부터 2004년까지 5000엔 지폐의 인물이기도 했다. 지금 사용되고 있는 5000엔 지폐의 인물은 여류 소설가 히구치 이치요(樋口一葉)이다.

니토베는 독일 유학 시절 현지의 교육자와 이야기를 나누다 "일본에서는 학교에서 종교 교육을 특별히 하지 않는다"는 말을 했고, "서양은 학교에서 아이들에게 선악의 기준을 교육하고 있는데, 그 도덕관의 기초에는 기독교가 있다. 종교가 없다면 일본인은 대체 무엇을 바탕으로 아이들에게 도덕 교육을 하는가?"라는 질문을 받았다. 이후 그는 어릴 적부터 몸과 마음에 자연스럽게 스며 있는 자신의 도덕적 관념이 어디서 온 것인지 고민했다. '가족을 소중히 해라', '약자를 괴롭히지 말아라' 등등의 교훈을 어디에서 배웠던가. 일본과 세계의 가교가 되고자 유학을 떠난 사람이 일본의 도덕관을 설명하지 못한다면 세계와 소통할 수 없다고 생각한 니토베는 많은 생각 끝에 그 답을 '무사도'에서 찾았다.

서양의 도덕 교육이 전적으로 종교를 통해서 이루어지는 반면, 일본인의 도덕적 관념은 무사도에 있다는 사실을 전제로 집필한 책이 바로『무사도』이다. 1900년 영어로 집필했다. 청일전쟁으로 일본에 대한 관심이 많았던 시기인지라 바로 독일어, 프랑스어 등 각국의 언어로 번역되었고 베스트셀러가 되었다. 프랭클린 루스벨트(Franklin Roosevelt), 존 F. 케네디(John F. Kennedy)만이 아니라 보이스카우트 창립자인 존 스템버거(John Stemberger)도 이 책의 독자였다. 더글러스 맥아더(Douglas MacArthur)가 일본의 무사도를 잘 알고 있다고 자만했던 것도 이 책 때문이라고 멋대로 생각한다.『무사도』는 1908년 일본이로도 번역되었다. 사실 일본에서 '무사도'라는 단어를 쓰게 된 것도 이 책에서 비롯되었다는 설이 있다. 1900년 이전의 사전에는 어디에도 '무사도'라는 단어가 없었으며, 일반적 용어가 아니었다.

무사도는 고대로부터 이어진 전통 사상도 형식을 갖춘 법률도 아니다. 좁은 의미로는 에도 시대의 지배계급인 무사들에게 요구되는 문무양도(文武兩道)의 수련, 그리고 목숨을 바쳐서 책임을 다하는 무사의 도리 정도로 이해된다. 이것이 넓은 의미로 일본의 독자적 사상으로 해석되었다. 세월 속에서 사람들의 행동, 사상에 정착한 문화다. 몇몇 무사나 학자의 글과 입을 통해서 전해 내려온 도덕적 정신이며, 일본인의 정신적 근간이라고 말할 수 있다. 이른바 근세 이후 무사계급의 윤리와 도덕적 규범 및 가치를 논하는 기준으로 일본 독자의 상식을 말한다. 고로 사람에 따라 무한한 해석이 있을 수 있다는 점을 염두에 두어야 한다.

니토베는 무사도의 뿌리를 불교·유교·신도에서 찾았고, 무사도의 덕목으로 의(義)·용(勇)·인(仁)·예(禮)·성(誠)·명예를 내세우면서 풀어나갔다. 이 중에서 무사도가 가장 중시하는 덕목은 '의'다. 비열한 행동과 부정한 행위를 경멸하는 덕목이다. '용'은 의를 관철하기 위한 용기를 말한다. 플라톤의 "용기란 두려워해야 하는 것과 그렇지 않은 것을 아는 것"이라는 말로 설명이 가능하겠다. '인'은 인간으로서의 배려를 뜻하고, '인'의 정신을 길러 타인의 마음을 존중하는 겸허함이 '예'의 근원이 된다. '예'에 성실함이 없으면 아첨이 된다. 그리고 '명예'란 자신에게 부끄럽지 않은 삶의 방식을 지키는 것을 말한다. 그래서 무사들은 수치심을 아는 것을 가장 먼저 교육했다.

나의 얄팍한 이해로 몇 줄 적어보았는데, 여하튼 니토베는 서양의 해박한 지식을 저변에 깔고 '무사도'를 설명했고, 이것으로 일본의 정신세계를 서양에 알리는 데 성공했다. 미국인 아내도 이해할 수 있도록 꽃에 비유하기도 했다. 바람이 불어도 가지에 달린 채 시들어가는 장미를 사랑하는 유럽인과 깨끗이 떨어지고 마는 벚꽃을 좋아하는 일본인. 일본인은 벚꽃을 사랑하는 것처럼 무사도를 사랑했다. 이것이야말로 '야마토 다마시(大和魂)', 즉 일본의 정신이다. 일본 사회를 19세기 말의 철학과 과학적 사고를 가지고 설명했는데, 단 이것은 어디까지나 니토베의 독자적 생각으로 그의 사상을 비판하는 글도 적지 않다.

니토베가 일본의 정신을 무사도에서 찾고자 한 시발점은 앞에서 설명한 바와 같이 서양의 종교였다. 위고는 "신과 영혼과 책임감, 이 세 가지 사상만 있으면 충분하다. 이것이 진정한 종교다. 나는 그 속에서 살아왔고 그 속에서 죽을 것이다. 진리, 광명, 정의, 양심, 이것이 바로 신이다. 가난한 사람들에게 5만 프랑을 남기니 그들의 관을 만드는 데 쓰기 바란다. 교회의 기도를 거부한다. 바라는 건 영혼으로부터 나오는 단 한 사람의 기도다"라는 유언을 남겼다. 다양한 모양의 이야기를 담고 있는 『레미제라블』의 구심점에는 '신'이 존재했다. 나는 그렇게 읽었다.

# 글쟁이의 만년필

여름이다. 휴가다. 비행기 타고 나가는 일은 언제나 마음을 설레게 한다. 공항 면세점에서 딱히 살 것이 없다고 하면서, 항상 찾는 매장이 있다. 뚜껑에 하얀 별 모양이 새겨진 만년필 매장이다. 나는 글을 쓰는 사람이니 이 정도의 사치는 허락될 것이라고 혼잣말을 하면서 명품 매장을 둘러본다.

고등학교 때 동네 학원에서 붓글씨를 배웠다. 학원이라고는 했지만, 젊은 부인이 자신의 거실을 조금 개조해서 아이들에게 붓글씨를 가르치는 곳이었다. 일본의 초등학생들은 주로 붓글씨와 주판을 배운다. 동생이 이 학원에 다녔는데, 나는 정말 붓글씨를 배우고 싶어서 찾아갔다. 초등학교 5학년 때 일본으로 건너가 4~5년 정도 지나고 일본어를 자유롭게 구사하게 되었을 때, 가나 문자의 요염한 움직임에 매료되었기 때문이다.

## 히라가나 가타카나

일본어의 표기는 한자와 히라가나, 가타카나 세 개의 조합으로
이루어진다. 6세기경 일본에 한자가 전해졌는데, 한자는 중국어를
표기하기 위한 '글'인지라 언어 구조가 다른 일본어를 표기하는 일
이 쉽지는 않았다. 특히 인명이나 지명은 더욱 그랬다. 그래서 한자
의 음과 훈을 빌려 일본어를 표기했는데, 이것이 '만요가나'다.

이후 경전을 접하고 한문학을 공부하면서, 한자를 쉽게 읽기 위
해 한자 뒤에 가나를 덧붙였다. 이때 사용된 글자가 '가타카나'다.
가타카나는 만요가나에서 쓰던 한자의 일부 획을 가지고 그 발음을
표시했다. 이를테면 '이(伊)에서는 イ를, 우(宇)에서는 ウ를, 가(加)
에서는 カ라는 글자를 만들었다. 지금은 주로 외래어, 고유명사, 의
성어 등에 쓰인다.

한편 8세기 말, 귀족 남자들이 한문학을 공부하는 사이 여자들은
만요가나를 초서체로 쓰고 간략화해서 만든 글자로 일기와 편지를
쓰기 시작했다. 여자들이 쓰는 글자라고 '온나데(女手)'라고 했는데,
남자도 여자에게 글을 보낼 때는 이 글자를 썼고, 궁중에서 여자들
의 활동이 활발해지자 일본의 시가인 와카(和歌)는 이것으로 쓰는
것이 관습이 되었다. 선진 중국을 배우고 중국을 닮아가고자 했던
일본은 견당사를 파견하고 귀국한 학자들을 중용했다. 그런데 10세

기 말에 이르자 일본은 국가 형성기를 지나 더 이상 문물을 외국으로부터 배워야 한다는 생각보다는 자신의 정체성을 구축하는 일에 관심을 가졌다. 일본다운 문화, 이른바 '국풍 문화'의 시대를 맞이한 것이다. 이 중심에 온나데가 있었다고 말하고 싶은 것은, 내가 문학을 전공한 사람이라서 그런지도 모른다.

『겐지 모노가타리(源氏物語)』, 『마쿠라노소시(枕草子)』 등 온나데로 쓴 헤이안 시대 여류 작가들의 작품들이 쏟아져 나왔고, 이는 지금도 일본을 대표하는 작품이다. 여기에는 글자체의 아름다움마저 추구되었다. 이것이 에도 시대에 와서 '히라가나'라고 명명되는 글자다. '이(以)에서 い, 세(世)에서 せ, 모(毛)에서 も'가 만들어졌다고 하면 이해가 될 것이다. 여하튼 한자의 초서체에서 비롯된 히라가나인지라 글자의 멋은 붓으로 표현하기 딱 좋았다. 먹의 농담, 굵기의 차이, 붓 엉덩이를 얼마나 꼬아서 내리치느냐에 따라 글자는 내용만이 아니라 모양으로도 내 마음을 표현하기 충분했다.


## 차마 욕심내지 못하는 만년필


붓글씨 학원에는 붓을 들고 칼싸움하는 어린놈들이 대부분이었는데, 나랑 같은 날 수강하는 학생 중 아들의 손을 잡고 오는 파일럿이 한 분 계셨다. 간혹 정복을 입고 오는데 얼마나 멋졌는지, 양 갈래로 머리를 땋은 소녀는 눈이 부실 따름이었다. 그는 붓글씨가 아니라 펜글씨를 배웠다. 관혼상제 등에서 방명록에 이름을 남겨야 하는데, 내 이름 하나는 잘 쓰고 싶다는 것이 그의 말이었다. 그가 들고 있던 펜이 바로 하얀 별 모양이 새겨진 그 만년필이었다. 만년필 역시 가나의 나근나근한 곡선을 멋지게 표현할 수 있었다. 언젠가 나도 저런 만년필 하나는 갖고 싶다고 생각했다.

대학을 졸업하고 첫 직장이 출판사였다. 동료 중 한 사람이 장가를 가는데, 번쩍번쩍한 시계 대신 만년필을 받았다고 자랑했다. 바로 그 멋진 파일럿이 들고 있던 만년필이었다. 문학을 전공하고 소설가를 꿈꾸는 이 친구에게 참 잘 어울리는 물건이라고 모두가 입을 모았다. 당시 갑근세를 내면서 월급을 받는 노처녀였던지라, 나 역시 무리를 하면 살 수 없는 물건은 아니었다. 그래도 탐을 내지 않았던 것은, 고가의 명품을 가져야 할 정도로 글을 쓰고 있다고 생각하지 않아, 차마 가지겠다는 생각을 하지 못했기 때문이다.

사실 이 마음은 지금도 여전하다. 공항 면세점에서 만지작만지작하고는 결국 다음을 기약하는 것은 아직도 나의 글쓰기에 자신이 없어서다.

또 하나, 만년필을 선뜻 사지 못하는 배경에는 사다 마사시(さだまさし)의 노래 「오로라」가 있다. 노래의 내용은 이렇다.

어느 날 갑자기 모든 것을 버리고 사진작가가 된 무모한 남자는 그랜드 캐니언과도 죽음의 계곡과도 친구가 되었다. 그리고 '자연은 역시 멋지다. 그런데 불안하다. 더 큰 것이 찍고 싶어지면 나는 어디까지 가야 하는가?'를 고민하다가 오로라를 찾아 나선다. 지구도 꿈을 꾸는데 이것이 바로 '오로라다'라면서.

비할 바는 아니지만 여기에 내 말을 보태자면, 만년필을 갖게 되면 나는 그 다음 무엇이 갖고 싶어질까. 나의 긴 짝사랑이 이루어지면 나는 그 다음 무엇을 또 사랑할 수 있을까. 나도 이 가사 속 주인공처럼 오로라를 찾아 나설 수 있을까. 올 여름에 만년필을 마련하고 다음 휴가는 오로라를 보러 알래스카로 갈까. 휴가를 앞두고 나의 생각은 사치스러움이 극에 달하고 있다.

# 맥아더와 천황의 만남

전공을 선택할 때, 내가 얼마나 잘 공부할 수 있는 분야인가를 사전에 알기란 쉽지 않다. 나는 대하드라마를 좋아한다는 이유 하나로 역사학과에 지망했다. 그리고 대하드라마는 "역사가 아니라 문학에 더 가깝다는 사실을 아는 데는 많은 시간이 걸리지 않았다. 그러니 4년 내내 "졸업을 해야 시집이라도 가지" 이런 말도 안 되는 생각을 하면서, 나는 공부를 참 못하는 학생으로 안타까운 시간을 보냈다.

성적표에 F가 박힌 과목도 있었지만 무사히 졸업해서 직장 생활을 했고, 뒤늦게 문학을 공부해서 박사 학위까지 받았으니 인생은 참 모르는 일이다. 학교를 가야 한다는 이유로 여섯 시 퇴근 시간보다 일찍 사무실을 나갈 수 있다는 게 큰 매력이라 시작한 공부였지만 A+도 있고 장학금도 받았으니 전공을 제대로 선택한 것 같다. 아니 내가 알고 싶고, 하고 싶은 이야기를 나눌 수 있는 좋은 스승을 만났기 때문이라고 하는 게 더 정확한 말이지도 모르겠다. 이러면 어쩌랴 저러면 어쩌랴 시간은 많이 지났고, 학위를 받은 것으로 주절거리면서 돈벌이도 하고 있다.

동창회에서 학과 창립 40주년 기념 동문회보를 만든다고 출판사에서 일한 경력이 있는 나를 찾았다. 동문들의 글을 올리고 색이 바랜 사진을 찾아서 캡션을 달았다. 어디인지는 모르겠으나 단풍이 든 산자락에서 스무여 명이 모여 찍은 사진이 있어, 그 밑에 "아름다운 우리의 청춘 기억 속으로"라는 멋진 글을 달았다. 그런데 이것을 본 선배는 다시 적어오라고 하더니, "아니다" 하면서 직접 적기 시작했다. 여기저기 전화해서 확인하고 "1987년 10월 23일 지리산"이라고 정확히 적은 다음 "첫째 줄 왼쪽부터 ○○○(××학번)"이라고 한 명 한 명의 이름을 늘어놓았다. 기억이 나지 않는 이름은 비슷한 학번의 사람을 찾아서 일일이 확인했다. 이 작업만으로 밤 11시를 넘겼다. 그래, 내가 역사 공부를 힘들어한 데는 다 이유가 있었다.

마감을 하고 한잔하는 자리, 대치동 학원가에서 세계사 강사로 이름을 날리는 후배가 "그런데 누나, 일본은 어떻게 전쟁에 지고도 천황이 존속하는 거지요?"라고 물었다. "나한테 묻는 거야? 네가 더 잘 아는 거 아니니." 역사니 문학이니 하기 전에 나는 '일본'을 공부하는 사람이니 멋지게 설명해주고 싶다는 욕심이 생겼다. 그 대상이 역사를 가르치는 스타 강사니 빠짝 긴장되기는 하지만. 그래, 이렇게 된 기 대히드라마 수준으로 이야기하마.

## 연합국 점령

1945년 8월 15일, 쇼와 천황은 라디오를 통해서 일본의 패전을
국민에게 알렸다. 그래도 패전을 인정하지 않는 부대가 있었다. 가
나가와현의 아쓰키 기지에서는 전투기 200기 이상을 가진 부대가
항전을 외쳤다. 부대원 각자가 비행기를 가지고 있었고, 전쟁은 지
금부터라는 기세였지만 일본 정부의 필사적인 설득으로 8월 20일에
야 무장을 해제했다. 일본은 제2차 세계대전 막바지에 독일 포츠담
에서 열린 연합국 정상회담 중 발표한 연합국의 대일 공동선언 '포
츠담 선언'을 수락하고 미국을 중심으로 하는 연합국에 점령되었다.
8월 30일 아쓰키 비행장에 연합군 최고사령관 더글러스 맥아더
를 태운 특별기가 착륙했다. 며칠 전까지 항전을 외친 부대가 있었
던 바로 그곳이다. 선글라스에 파이프를 물고 여유롭게 그리고 당
당하게 계단을 내려오는 맥아더의 모습은 우리도 잘 아는 그 장면
이다. 당시 그는 대통령 후보로 거론될 정도로 미국에서는 이미 영
웅이었다. 필리핀 총독을 역임한 아버지 밑에서 성장했으며 웨스트
포인트를 수석으로 졸업한 엘리트다. 일본 패전과 함께 연합군 최
고사령관이 되어 일본에 대한 점령 정책을 수행하는 권한을 받았
다. 실질적으로 일본의 최고 권력자가 된 셈이다. 맥아더는 이 순간
의 자신의 모습이 어떤 메시지를 담고 있는지 잘 아는 사람이었다.

기자들에게 '나는 전혀 두려워하지 않는다', '나는 잘할 수 있다' 이런 메시지를 말이 아닌 영상으로 보여주고자 했던 것이 분명하다.

맥아더 일행은 숙박지인 요코하마 뉴 그랜드 호텔로 이동했는데, 24km에 걸친 길에는 일정 간격으로 일본 헌병이 서 있었다. 만일을 대비해서 맥아더를 호위하기 위해 동원된 헌병들이었다. 일본 정부는 점령군에 협조적이었다. 같은 날 요코스카 앞바다에는 미국 해병대 제1진 1만 3000만 명이 상륙했다. 일본 점령이 시작된 것이다.

3일 후인 9월 2일 도쿄만의 미 전함 미주리호 선상에서, 시게미쓰 마모루(重光葵) 외무대신이 일본을 대표해서 항복 문서에 조인한 뒤 이어서 맥아더와 연합군 대표 여덟 명이 조인했다. 일본의 무조건 항복으로 제2차 세계대전은 완전히 종결되었다. 이날 재미난 일화가 있다. 맥아더는, 1853년 페리가 일본에 개항을 요구할 당시 흑선에 걸려 있었던 성조기를 일부러 준비해왔다. 그리고 말했다. "오늘 우리는 92년 전 동포 페리 제독과 닮은 모양으로 도쿄만에 있다. 페리 제독의 목적은 일본에 지혜와 진보의 시대를 안겨주고 고독의 베일을 벗기는 것이었다."

당초 미국 정부는 일본에 군사정권을 둘 생각이었다. 실제로 미국에서 군사 정치 훈련을 받은 부대가 언제라도 일본으로 향할 준비가 되어 있었다. 미국 정부는 연합군 최고사령부가 입법·행정·사법 3권을 모두 장악하고 일본을 직접 통치할 것을 계획했었다. 9월 8일 점령군은 요코하마에서 도쿄로 진주, 총사령부 본부를 궁 옆으로 이전했다. 9월 11일 총사령부는 도조 히데키(東條英機)를 비롯한

37명을 전쟁 범죄인으로 체포했다. 일본 정부는 천황도 전범자로 재판을 받을지 모른다는 위기감에 사로잡혔다. 사실 미국과 연합국에서는 천황에게 전쟁 책임을 추궁하자는 여론이 있었고, 미국에서는 9월 10일 천황을 전쟁 범죄인으로 처벌해야 한다는 정부 정책 결의안이 의회에 제출되었다. 소련과 호주도 강경하게 천황의 전쟁 책임을 추궁하려 했다.

## '무사도'를 이해한다는 맥아더

사실 조인 다음 날인 9월 3일, 시게미쓰 외부대신은 맥아더를 방문해서 "총사령부가 일본을 직접 통치하면 국민은 혼란스럽다. 정책 실행은 일본 정부를 통해서 실행하기 바란다"는 요청을 했다. 이에 맥아더는 "나는 일본을 파괴하고 국민을 노예로 삼을 생각은 없다. 정부와 국민의 태도에 따라 이 문제는 해결될 것이다"라면서 일본 정부가 협력하는 한 일본 정부를 통한 간접 통치를 하겠다는 약속을 했다.

맥아더는 어떤 마음이었을까. 맥아더는 군사보좌관 보너 펠러스(Bonner Fellers)의 말에 귀를 기울였다. 그는 태평양전쟁이 일어나기 전부터 일본군과 천황에 대해서 연구한 사람인데, "천황은 일본인 정신의 구심점이므로 일본 점령 통치를 원활히 진행하기 위해서는 천황의 존재가 필요하다"는 진언을 했다. 이것 때문만은 아니나, 일본 정부는 맥아더에 대해서 대단히 협조적이었다. 무기를 버리고 점령군에 협력하라는 천황의 명령이 큰 영향력을 발휘하고 있었다. 일본은 '지는 방법'을 알고 있었던 것이다. 그러니 맥아더 자신도 천황제에 거부감을 느끼지 않았다. 오히려 존속해야 한다고 생각했다. 천황제를 통해서 일본을 통치하는 데는 자신이 있었다. 그렇지 않으면 상당히 힘들다고 생각했다. 맥아더는 천황이 직접 자신을 찾아오기를 기다렸다. 단, 천황이 어떤 인물인지는 전혀 알지 못했다.

본국에서는 천황을 빨리 소환하라는 요구가 있었지만 맥아더가 그렇게 하지 않았던 것은 상대방의 체면을 세워주기 위한 배려였다. 맥아더는 스스로 일본의 '무사도'를 잘 알고 있다고 자만했다. 아마도 니토베 이나조의 『Bushido(무사도)』을 읽었을 것이다. 무사도에서는 체면을 강조하므로, 그래서 기다려야 한다고 생각했다. 천황을 억지로 소환하면 국민의 심기를 건드릴 것이니 이것은 피하고 싶었다.

천황은 외무대신 요시다 시게루를 불러 맥아더를 만나고 싶다는 의향을 밝혔고, 9월 27일 드디어 역사적 만남의 시간이 마련되었다. 맥아더는 천황의 자존심에 상처를 내거나 곤란하게 하는 것은 좋지 않다는 생각을 하고, 만남의 장소를 미국 대사 관저로 정했다. 체면을 생각해서 '프라이빗' 방문 형식을 취하고 싶었기 때문이다. 맥아더는 천황에 대한 정보를 모았다. 해양생물학의 권위자라는 사실, 담배를 좋아한다는 사실도 이때 알았다.

## 노타이의 맥아더, 모닝코트의 천황

9월 27일 9시 50분 천황을 태운 자동차가 극비리에 대사 관저를 향해 출발했다. 모닝코트 차림의 천황은 대단히 굳은 표정이었다. 살아서 돌아올 수 없을지도 모른다는 생각에 황후가 슬픈 표정으로 그를 배웅했다는 기록이 있다. 천황은 정신적 부담으로 핼쑥한 모습이었다. 엄청난 각오를 하고 찾아가는 길이었기 때문이다. 일본의 미래와 왕족의 운명이 모두 그에게 달려 있었다.

오전 10시 대사 관저 문을 통과했다. 현관에서 부관 두 명이 천황을 맞이했다. 맥아더는 마중도 배웅도 하지 않기로 마음을 정하고 있었다. 천황은 동행한 일행과 떨어져서 홀로 맥아더가 기다리는 방으로 안내받았다. 맥아더가 담배를 권하면서 불을 붙이는데, 천황의 손이 떨리고 있었다는 말이 전해질 정도로 천황은 긴장하고 있었다.

"나는 국민이 전쟁을 치르는데, 정치와 군사 측면에서 모든 결정과 행동에 책임을 지는 자였으므로 나 자신을 연합국의 판단에 맡기고자 방문했다." 천황의 이러한 말은 이전부터 이어진 생각이었다. 전쟁이 끝나고 천황은 내대신(內大臣) 기도 고이치(木戸幸一)에게 "내가 모든 것을 책임지고 퇴위해서 해결할 수는 없는 일일까"라고 했다는 기록이 있다. 여하튼 천황의 말에 "그 순간 내 앞에 있는 천황이 일본 최고의 신사라는 사실을 알았다"는 맥아더의 말이 훗날 전해신다.

회견은 예정 시간을 넘겼다. 35분간 진행된 회견이 끝나고 천황에 대한 맥아더의 태도가 바뀌었다. 맥아더는 천황을 현관까지 배웅했다. 척대이 호외였디. 신문은 일제히 천황과 맥아더의 회견을 보도했다. 어떤 설명도 필요 없었다. 크고 멋지고 자신만만한 맥아더, 작고 경직된 천황, 여유롭게 허리에 손을 올린 노타이의 맥아더와 모닝코트를 단정하게 입고 부동자세를 한 천황의 사진은 일본이 패전국이라는 사실을 여실히 보여주었다. 이 사진은 일본 지식인들에게 패배를 받아들일 수밖에 없는 확고한 그림으로 인식되었음이 분명하다.

이후에도 둘의 만남이 있었다. 모두 열한 번의 만남이었다. 회견의 내용은 좀처럼 알려지지 않았는데 천황이 "이제 퇴위하는 것이 좋지 않을까. 퇴위해야 할까"라고 말하면, 맥아더는 "아니다 당신은 퇴위해서는 안 된다. 그 자리에 있어야 한다"라고 했다는 말이 흘러나오기도 했다. 천황이 맥아더에게 마음을 기대고 고민을 털어놓는 것 같았다는 말도 전해진다.

패전국 일본에 지금도 천황이 존재하는 이유를, 맥아더에 대한 이야기를 신문에 연재한 적이 있는 작가 구도 미요코(工藤美代子)의 말로 마무리하겠다.

"맥아더는 천황제를 유지하면서 통치하고 싶었고, 천황은 맥아더와 잘 지내고 싶었다. 다행히 서로에 대한 느낌이 좋았다. 천황과 맥아더의 첫 회담이 미·일 관계의 원점이 되었다고 본다. 이후 미·일의 좋은 관계가 시작되었다."

# 세상을 향해 떠나는 이들에게

　나에게는 자랑하고픈 오빠가 한 분 계신다. 촌수를 따져보지 않아서 얼마나 멀고 가까운지 모르지만, 나의 삶 마디마디에 항상 오빠가 계셨다. 학교를 졸업하고 출판사와 인연을 맺게 된 것도 오빠 덕분이고, 결혼식장에서 내 손을 신랑에게 넘긴 사람도 오빠다. 30년 가까운 나이 차이가 있는데, 일선에서 한참 바삐 움직이실 때는 너무 큰사람인지라 눈이 부셔 차마 바라보기도 힘들었다. 어린 마음에 가볍게 풍기는 오드콜로뉴의 향도 별개의 세계로 느껴졌다.

　이제는 나도 오빠와 세상 이야기를 나눌 정도의 나이가 되었다. 오빠는 지금도 아침마다 『논어』의 글귀를 암송하신다. 『논어』는 읽기만 하는 것보다 소리 내어 외우면 훨씬 감동적이고 시처럼 아름답게 느껴진다는 그 무궁한 풍류의 세계를 좇는 일은 쉽지 않다.

그래도 좋다. 그냥 가까이 계시는 것만으로도 좋다. 매주 월요일 아침 인터넷 신문에 오르는 오빠의 칼럼을 찾아보는 것도 하나의 기쁨이다.

며칠 전, 오빠가 CD를 한 장 주셨다. 일본 가수 사다 마사시(さだまさし)의 「가카시」다. 이렇게 반가울 수가. 젊음이 외롭고 아팠던 날 카세트테이프가 늘어질 때까지 들었던 그 노래다. 오빠는 딸아이를 유학 보내놓고 많이 들었던 노래라고 했다.

## 사다 마사시의 노래

양 갈래로 땋은 머리가 촌스러웠던 고등학생 시절, 친구가 놓고 간 LP판을 통해서 사다 마사시의 노래를 처음 들었다. 딸을 끔찍이 사랑하는 아버지의 모습을 그린 「아버지의 가장 긴 하루」라는 곡을 듣고, 왜 그리 서럽게 울었던지.

> 고등학교 2학년 가을, 여동생의 첫사랑은 짝사랑으로 끝나고
> 남자 친구 하나 없다 하니 한심하다고 아버지는 항상 놀려댔지만
> 가끔 걸려오는 전화에 가장 신경 쓰는 사람은 바로 아버지

아름다운 멜로디에 싸인 노랫말 속에서 느껴지는 아버지에 대한 사랑과 그리움이 내 가슴을 촉촉이 적셨다. 이후 그의 노래는 내 인생의 희로애락을 함께했다.

사다 마사시는 일본에서 콘서트를 가장 많이 하는 가수다. 데뷔 이후 4000회를 넘겼다고 하니 한 해에 100회 이상 콘서트를 한 셈이다. 그의 곡은 모두 그가 직접 만든 것으로, 그는 '작사'라는 단어를 쓰지 않고 '작시(作詩)'라고 한다. 그러니 그를 가수라고만 소개하기는 부족하다. 그는 시인이자 이야기꾼이다. 아름다운 멜로디에 세상 이야기를 따뜻하게, 때로는 슬프게, 때로는 재밌게 담는다. 「연애증후군」, 「연절사(緣切寺)」, 「꿈」, 「찬스」, 「행복에 대해서」, 「주인공」, 「기적」 등 제목만 들어도 가슴이 두근거리는 곡들이 나의 추억과 함께한다.

## 외롭지는 않니

'가카시(案山子)'는 겉은 훌륭하나 속이 보잘것없는 것을 뜻하는데, 여기서는 허수아비를 가리킨다. 이 노래는 도회지에서 혼자 생활하고 있는 동생에게 고향에 있는 형이 보내는 메시지로, 멀리 떨어져 있는 피붙이에 대한 사랑의 마음이 담겼다.

가카시
몸은 아프지 않니, 그곳 생활은 어떠니
친구는 좀 생겼니, 혼자라 외롭지는 않니
쓸 돈은 아직 남았니, 다음엔 언제 집에 오니
......

눈이 녹으면 네가 이 마을을 떠나고 처음 맞이하는 봄

편지 쓰기가 힘들다면 전화라도 하기 바란다

"돈 보내줘" 그런 말이라도 좋다

너의 웃는 얼굴을 애타게 기다리는 어머니께 목소리라도 들려다오

......

은빛 담요를 덮은 논에 우두커니

버려진 채 눈을 덮어쓴 허수아비 하나


너도 도회지의 설경 속에서

저 허수아비처럼 외롭지는 않은지

어디 아픈 데는 없니

......


언젠가 믹키유천이 일본 TV에서 이 노래를 부른 적이 있는데, "쓸 돈은 아직 남았니"라는 구절이 가장 마음에 든다고 해서 모두가 웃었다.

많은 친구들이 그러했듯이 나도 대학생이 되면서 집을 떠났다. 혼자서도 잘 살 수 있다고 고개를 쳐들고 씩씩하게 걸었지만 가슴에는 외로움이 가득했던 그 시절, 이 노래를 듣고 얼마나 많은 위안을 받았던가. 한 구절 한 구절이 사랑의 메시지였다. 조카가 유학을 간 것은 그 후의 이야기다. 오빠는 이 노래가 당신의 마음을 대신한다고 생각하셨을까.

1977년 일본에서 발표된 이 노래는 1980년에 서울에서 객지 생활을 하는 한 여대생의 마음을 위로했고, 1990년에 딸을 파리로 유학 보낸 아버지의 마음을 대신했다. 그뿐일까. 고향을 떠난 얼마나 많은 이들이 텅 빈 마음의 '허수아비'가 되어서 이 노래를 흥얼거렸을까. 그리고 2017년 오빠는 나에게 이 노래를 선물했다. 나에게는 곧 내 품을 떠날 준비를 하는 아들이 있다. 일본은 4월에 학기가 시작된다. 때 아닌 눈이 내리는 날 나는 다시 이 노래를 듣는다. 따뜻한 노랫말은 시대를 초월하고 마음을 감싸 안는다.

# 글쓰기와 칭찬

막내가 고등학생 때의 일이다. 학교에서는 아직 입학도 하지 않은 학생들에게 숙제를 산더미처럼 내주었다. 스트레스가 이만저만이 아닌 모양이었다. 큰애가 고등학교 입학할 때는 나도 스트레스였다. 전투장에 내보는 마음으로 이것저것 챙기고 거들었다. 그런데 이번에는 전혀 신경이 쓰이지 않는다. 나도 고등학생 엄마로서 고수가 된 셈이다. 아이는 엄마가 간여하면 그 크기만큼, 혹은 더 작은 크기로밖에 크지 않는다는 사실을 알기 때문이다. 돌이켜보면 우리 아이들이 잘하는 것들은 다 내가 간여할 수 없는 부분들이다.

큰아이는 피아노를 잘 치는데 이건 엄마가 음치라 가능했던 일이다. 내 귀에는 우리 아이의 피아노 소리가 세상에서 가장 아름다웠기 때문에 소리가 들리면 무조건 감동했다. 두통도 치유되는 것 같고, 변비도 해결되는 것 같다고 칭찬하면서 아이의 피아노 소리를 즐겼다. 꾸민 이야기가 아니라 사실이 그러했다. 소리에 대한 감각이 무딘 나는 우리 아이의 피아노 실력이 어느 정도인지 지금도 모른다. 단지 유치원 때 시작한 배움을 본인이 아직도 즐길 수 있다는 것만으로 만족한다. 막내는 그림을 잘 그린다. 이것 역시 엄마가 간여할 수 없는 분야이기 때문이다. 사자를 파랗게 칠하고 코끼리 머리에 뿔을 달아도 나는 말을 보태지 않았다. 예술의 세계를 모르기 때문에 그냥 고개만 끄덕였다. 그런데 옆에 끼고 쥐어박으면서 가르친 수학은 도통 아니다. 친구 따라 간 교회에서 십일조를 내지 않았던 이유가 "계산을 못했기 때문"이었다는 말에 경악을 했다.

## 독후감 숙제

개학하면 바로 시험을 치르는 모양이다. 그건 그렇고, 두 권의 책을 읽고 A4 용지 열 장 분량의 독후감을 제출해야 한다면서 걱정이 태산이다. 입학식 날 다 썼냐고 물었더니 세 장 썼다고 했다. 주말에 다시 물었더니 일곱 장 남았다고 했다. 전혀 진도를 내지 못했다는 말이다. 드디어 내일 제출해야 한단다. 만약 나한테 도움을 청했다면, 나는 밤을 새우면서 도왔을 것이다. 그런데 막내는 역시 독립적이다. 스탠드에 불을 켜고 전투 자세로 책상에 앉는다.

새벽 네 시쯤 된 것 같은데, 아직도 책상에서 끄불대고 있나. "우리 딸 몇 장이나 했어"라면서 봤더니 여덟 장이란다. 촘촘한 글씨에

행간도 좁다. 중간에 소제목 같은 것도 없고, 그냥 종이를 까맣게 메우고 있었다. 손이 아프단다. 보다 못한 내가 "표지를 만들어 제목 쓰면 한 장 해결되고, 마지막 페이지는 두세 줄만 쓰면 되겠다"라고 했더니 그래도 되냐면서 활짝 웃는다. 더 일찍 내가 간여했다면 중간 중간에 소제목으로 공간을 채우고, 용지의 여백, 글자 크기, 행간을 최대한 크게 잡아서 열 장을 쉽게 채울 수 있는 얄팍한 요령을 전수했을 것이다.

어쨌든 아이는 열 장을 채우고 내 이불 속으로 파고들어 왔다. "기특한 내 새끼"라면서 잠결에 한마디 하고 꼭 껴안고 다시 잠이 들었다. 아침에 책상을 보니 깨알만 한 글씨로 채워진 열 장의 독후감이 있었다. 제목만 적은 표지 아랫부분에 '1p'라고 적혀 있어서 웃음이 나왔다. 나는 한 장 한 장 복사를 했다. 힘들었을 시간의 기억을 남겨두고 싶었다. 열 장을 채우느라 얼마나 힘들었을까. 하룻밤에 작성했으니 내용은 뻔하다. 그래도 열 장을 채웠다는 것 그 자체에 의미가 있다고 믿었다. 어젯밤의 노력은 이 아이가 살아가는 데 분명 큰 도움이 될 것이다.


## 일본어 작문


중학교 1학년 여름방학, 나 역시 독후감 숙제가 있었다. 초등학교 5학년 때 일본으로 건너가 한국 학교를 졸업한 나는, 집 앞의 일본 공립 중학교에 입학했다. 그러니 이것이 일본 학교에서 처음 맞이하는 방학이었고, 첫 숙제였다. 소리에 대해 감각이 무딘 나는 음악적 소질만 없는 것이 아니라 언어적 소질도 떨어져 당시 상당히 어눌했다.

일본의 원고지 한 장은 보통 400자인데 오른쪽에서 왼쪽 방향으로 세로쓰기를 하고, 특별히 띄어쓰기를 하지 않는다. 단어의 대부분이 한자인지라 명사와 조사가 자연스럽게 구분되고, 쉼표와 마침표를 적절히 이용하니 '아버지 가방에 들어갔습니다'와 같은 오류는 생기지 않는다. 흔히 일본어는 우리말과 문형이 같아서 쉽게 배울 수 있다고 하는데, 그런 면도 있지만, 일본어는 일본어만의 맛이 있어서 우리말을 그대로 옮긴다고 그것이 바로 일본어가 되는 것은 아니다.

원래 우리말로도 글쓰기를 잘하지 못했는데, 어눌한 일본어로 작성해야 하니 나의 첫 숙제는 고역이었다. 누구도 나를 도와주지 못했다. 우리 집에서는 그나마 내가 일본어를 가장 잘했으니 말이다. 정확하게 기억이 나지 않지만 적지 않은 양이었던 것 같다. 유난히 더웠던 그해 여름, 다다미방에 엎드려 원고지와 씨름하는 나의 모습과 시끄럽게 울어대던 매미소리만 기억한다.

내용이야 어찌 되었건 필요한 양을 채웠다. 어떤 글이었는지 기억이 나지 않는다. 제목이 '빨간 머리 앤을 읽고'였던 것 같은데, 선생님께서 "글씨가 참 예쁘구나"라고 칭찬해주신 말만 기억한다. 문법에 맞지 않는 글이라 도무지 손을 낼 수 없어서 그렇게 말했는지도 모른다. 어른들이 예쁘다는 말이 선뜻 안 나올 때 '맏며느릿감이

네'라고 덕담을 던지는 격이었는지도 모른다. 어찌 되었건 그 말은 나에게 용기가 되었고, 나도 할 수 있다는 자신감으로 이어졌다. 스스로 해보지 않으면 얻을 수 없는 자신감이었다.

그리고 겨울방학 숙제 독후감은 가벼운 마음으로 써 내려갔다. 맏며느릿감이라는 소리를 듣고 자란 나는 막내며느리가 되었고, 지금도 글을 쓰고 있다. 칭찬은 참 좋은 일인 것 같다.

# 반려견

　나는 30년이 넘은 오래된 아파트에 살고 있다. 건물만 오래된 것이 아니라 사람들도 오래되었다. 근방에 '펠리스'라는 이름도 웅장한 주상 복합 고층 건물이 들어서자 새 것을 좋아하는 사람들은 옮겨갔고, 이곳에 남은 사람들은 옛 모습 그대로 살고 있다. 그러니 숟가락 수까지 아는, 서울에서는 보기 드문 이웃들이다.

　아랫집 따님 시집간다고 함이 들어오는 날에는 아파트 단지 전체가 떠들썩했다. 무뚝뚝한 우리 신랑도 나가서 밀고 당겼을 뿐 아니라, 온 동네 강아지까지 나와서 짖어댔으니 신랑감 친구들이 두 손 두 발 다 들고 걸어 들어가 박을 깼다. 음성 꽃동네 입구에 쓰인 "얻어먹을 수 있는 있는 힘만 있어도 그것은 주님의 은총입니다"라는 고귀한 문구를 이렇게 쓰면 안 되겠지만, 나는 이 집 김치, 저 집 된장을 얻어먹고 행복해한다. 참 좋은 집에 살고 있다.

## 이웃집 강아지

"대박이야! 아침에 주차장에서 루루네 아저씨 만났는데, 학원까지 태워다주셨어. 루루네 차 짱 좋아."

루루네는 우리 아파트 802호다. 언제부터인가 102호는 퐁키네, 202호는 초코네라 한다. 우리 집은 '용정이네'라고 불리는데, 듣는 용정이는 강아지가 아닌 고로 심히 불쾌하니 우리도 강아지 한 마리 키우자고 떼를 쓴다. 그 동생 은정이는 "나는 강아지 대열에도 끼지 못한다"라면서 볼멘소리를 한다. 반려동물 천만 세대란다. 이집 저집 작고 예쁜 강아지들이 주인의 사랑을 독차지하고 있다.

간혹 퐁키네 가족이 여행을 갈 때는 퐁키를 우리 집에 데려다 놓는다. 퐁키는 15살이나 되는 아주 영리한 개인지라 그 행동에 감탄을 금할 수 없다. 우리 집에 오면 남편만 따라다닌다. 이 집 주인이 누구인지 파악한 것이다. 남편 옆에 꼼짝 않고 있다가 남편이 일어서면 그 자리에 냉큼 앉는다. 그리고 누가 앉을라치면 앙칼지게 짖는다. 즉, 본인이 '넘버 투'라는 것이다. 물론 주인이 돌아오면 잽싸게 그 자리를 내준다. 웃기는 놈이다. 무뚝뚝한 이 사람도 퐁키가 싫지 않은 모양이다. "내가 사회생활을 저 정도만 했다면 출세했을 텐데"라는 의미심장한 말을 하고 웃는다.

"아빠, 나를 볼 때도 퐁키 볼 때처럼 애정 깊은 눈으로 봐봐"라면서 아빠의 얼굴에다 자신의 얼굴을 들이대면서 딸아이가 질투를 하고, "한 그릇도 안 되는 놈이 까불어"라면서 아들 역시 질투를 한다. 이렇게 며칠 지내다 보면 정이 들어, "퐁키야 엄마 왔다"라는 주인의 목소리에 꼬리 치면서 달려 나가는 모습이 야속하기까지 하다.

## 노총각과 빅토

일본은 대개 다섯 가구에 한 마리 꼴로 반려견을 키운다고 한다. 냉정하게 말해서 사료가 보편화되면서 시작된 현상이다. 도쿄의 노총각인 내 동생도 키웠을 정도이니 말이다. 건축사가 되기 위한 수련 기간이 외롭기는 외로웠던 모양이다. '빅토'라는 달마티안을 한 마리 구해서 키웠다. 새끼를 분양받기 위해서 신칸센을 타고 교토까지 갔었다. 문제는 엄마였다. 새벽에 나가서 밤늦게 귀가하는 아들 도시락 싸고 밥 챙기기도 버거운데 혈통 있는 개까지 떠안게 되었으니. 처음에는 "지 몸 하나 건사하지 못하는 놈이 개까지 데리고 와서 나를 귀찮게 한다"면서 투덜대신 모양인데, 언제부터인가 정이 들어 빅토와 단짝이 되었다.

하루는 애들 쓰던 포대기를 보내라고 해서 뭔 일인가 했더니, 빅토가 아픈 것 같아서 업어준다는 것이다. 곰탕을 끓여서 당신은 아까워서 드시지도 않고 아들과 빅토만 먹였다고 한다. 논문 때문에 정신없으니 우리 집 살림 좀 도와달라고 부탁해도 "빅토를 누가 보나"면서 단칼에 거절하니 서운하기가 이루 말할 길이 없었다.

빅토는 일본에서 생활하는 노총각의 훌륭한 커뮤니케이션 매개체가 되기도 했다. 노총각은 빅토를 내세워 '잘생긴 강아지를 기르는 동호회' 같은 곳에서 활동하면서 나름 사회적 지위와 지성을 갖춘 동물 애호가들과의 만남을 즐겼다. 그리고 그들을 통해서 또 하나의 일본을 엿보았다. 일본 사람들은 작은 만남도 조직적으로 운영하기를 좋아하다 보니, 비상연락망 같은 것까지 만들어 정보를 주거니 받거니 한 모양이다. 빅토는 마음의 친구, 삶의 동반자 이상의 역할을 수행했다.

곰탕을 먹고 자란 빅토는 잡지 모델이 되기도 했고, 그 덕에 노총각은 팔등신의 시세이도 화장품 모델과 작은 섬싱(something)도 있었다. 얼굴, 몸매, 매너 모든 것이 완벽한데, 단 하나 키가 작은 것이 흠이라고 자신을 평가하는 노총각 동생은 빅토를 통해서 대리만족했다. 빅토를 훈련견 학교에 보내서, 다마카와 강변을 산책할 때 어떤 개를 만나도 절대로 먼저 짖지 않는 신사로 교육시켰다. 없는 집에서 있는 돈 없는 돈 긁어모아 아들 하나 대학 보내는 그런 느낌이었다. 건축사 지망생의 주머니 사정이야 뻔하니 말이다. 엄마도 "빅토가 우리 집에서 가방끈이 가장 긴 놈"이라고, 마치 아들 하나 더 키우는 것 같이 말씀하곤 했다.

여름에 친정이라고 갔더니, 마침 교토에서 빅토를 분양한 집 딸이 도쿄 나들이를 해서 그녀를 맞이한다고 나는 찬밥이었다. 빅토로 인해 맺어진 인연은 혈연만큼이나 끈끈한 만남으로 이어지고 있었다.

동생은 일본에서 건축사 1급 자격증을 따자, 공부를 위해 미국으로 떠나게 되었다. 빅토는 도쿄의 부촌인 덴엔초후에 커다란 저택을 가진 은행지점장의 집으로 보내졌다. 노총각의 커다란 눈에서 닭똥 같은 눈물이 뚝뚝 떨어지는 것을 나는 생전 처음 보았다. 얼마 후 화과자를 사 들고 빅토를 만나러 간다고 하기에 따라나섰다. 개인적으로는 담 너머 훔쳐보았던 부잣집 마당을 구경하고 싶었다. 파란 잔디의 커다란 마당에서 빅토는 어설펐던 주인 노총각을 알아보고 짖었다.

　미국에서 공부를 마치고 돌아온 노총각은 도쿄에서 일을 하는데, 지금도 할아버지가 된 빅토를 만나러 덴엔초후의 집을 찾는 모양이다. 노총각은 아직도 노총각인데 말이다.

# 나를 참 기쁘게 하는 선물 '후쿠부쿠로'

　나를 참 기쁘게 하는 선물이 있다. 매년 이맘때면 라면 박스 크기의 상자가 도착한다. 종합 과자 세트다. 상자 안에는 비스킷, 초콜릿, 사탕, 껌 그리고 새콤달콤한 희한한 과자들이 가득하다. 이 상자에는 "고선윤 앞"이라는, 수취인을 분명히 밝히는 글씨가 적혀 있다. 아이들은 이런 선물을 보내는 지인이 있는 엄마를 무척 부러워한다. 지금은 둘 다 덩치가 나보다 크지만 초등학생일 때는 부러워하는 정도가 아니라 존경을 하는 듯 나를 올려다보곤 했다. 나 역시 그 부러움에 호응해 "이건 엄마 것"이라면서 쐐기를 박고 선물을 안방 화장대 밑에 두었다. 내 눈을 피해서 야금야금 과자를 꺼내 먹는 재미가 쏠쏠했을 것이다.
　올해도 어김없이 도착했다. 아이들 앞에서 우쭐해하는 내 모습이

웃긴 모양이다. "당신이 애야?" 남편이 핀잔을 놓는다. 아무래도 좋다. 나는 이 선물이 정말 좋다. 초등학교 5학년 때 가족이 모두 일본으로 가기 전까지 나는 외갓집에서 살았다. 할아버지와 할머니, 삼촌이 둘, 이모가 셋이나 있는 집에서 '나만의 과자' 같은 것은 생각할 수 없는 사치였다. 할아버지가 간혹 아무도 몰래 종이에 싼 사탕 몇 알을 주면, 어린 나이에도 눈치라는 게 있어서 삼촌이랑 이모가 없는 곳에서 뽀도독 뽀도독 씹어 먹었던 기억이 있다. 나랑 열 살밖에 나이 차이가 나지 않는 막내 이모가 유독 신경 쓰였다.

이런저런 기억들을 가지고 나는 상자를 뜯는다. 상자 속에 어떤 모양의 과자가 들어 있을지 상상하는 것만으로도 즐겁다. 매년 색다른 디자인의 새 제품들이 화려하게 인사를 한다. 어린 시절로 돌아간 것 같기도 하고, 어렵고 외로웠던 그 시절을 보상받는 기분이 들기도 한다. 나에게 이런 기쁨을 보내는 분은, 20대 때 직장 생활을 하면서 알게 된 분이니 어느새 20년 지기다. 그러고 보니 얼굴을 보지 못한 지 일 년이 훨씬 넘은 것 같은데, 이렇게 지속되는 관심과 사랑은 '사람에 대한 믿음'으로 이어져 내 인생을 풍요롭게 한다.


**일본의 복주머니, '후쿠부쿠로'**


나는 이 상자를 '후쿠부쿠로(福袋)'라고 한다. 일본말을 공부하지 않은 우리 아이들도 '엄마의 후쿠부쿠로'라면서, 나보다 더 기다린다. 후쿠부쿠로의 한자 뜻을 보면 '복주머니'라고 할 수 있는데, 한

복을 입었을 때 허리에 차거나 손에 들고 다니는 그 주머니와는 다른 의미의 물건이다.

정초 일본 사람들의 첫 쇼핑은 후쿠부쿠로로 시작된다. 백화점만이 아니라 동네의 작은 가게에도 후쿠부쿠로라고 적은 쇼핑백이 가게 앞을 장식한다. 장난감 가게의 후쿠부쿠로에는 장난감이, 빵집의 후쿠부쿠로에는 빵이 들어 있을 것으로 추정할 수 있는데, 백화점처럼 다양한 물건을 파는 곳의 쇼핑백에는 무엇이 들어 있을지 알 수가 없다. 내가 지불한 돈보다 훨씬 비싼 물건들이 들어 있을 것이라는 '희망'을 품게 한다. 복불복이다. 여기에 본인이 필요한 물건인지 아닌지가 관건이다. 어쨌든 공개되지 않은 물건에 대한 기대, 더 나아가 행복과 행운을 얻으려는 마음이 이것을 구매하게 한다. 후쿠부쿠로에는 '복'이 함께 한다는 막연한 생각도 한몫한다. 발렌타인데이니 화이트데이니 빼빼로데이니 하면서 초콜릿과 사탕을 파는 상술과 같은 것이라고 말할 수도 있겠지만, 후쿠부쿠로에는 이런 것과는 또 다른 재미가 있다. 정초 이른 아침 도쿄의 백화점 앞에는 후쿠부쿠로를 사기 위한 사람들이 줄을 서서 문이 열리기를 기다린다. 최근에는 인터넷으로 주문을 받는 곳도 있다고 한다.

2011년 동일본대지진이 있고 그다음 해 정월에는 이와 관련된 상품을 담은 후쿠부쿠로가 주목을 받았다. 일본의 유명 백화점에서는 피해지에 자원봉사 가는 사람들이 필요로 하는 비옷과 배낭, 지진 후 교통마비로 귀가를 하지 못한 점에 착안해 접이식 자전거와 헬멧, 재해 때 필요한 라디오와 휴대용 가스레인지, 겨울철 절전을

위한 내복과 당과 등을 담은 후쿠부쿠로를 준비하고 있다는 사실이
알려졌다.

동일본대지진과 관련된 상품은 이런 것만이 아니다. 대지진으로
가족이나 친구들이 소중하다는 사실이 새삼 부각되면서, 사람들과
추억을 만들 수 있는 상품들도 후쿠부쿠로에 담겼다. 이를테면 온
천 숙박권, 고급 레스토랑 식사권, 리조트 행사 초대권 등이 그것이
다. 사람들과의 인연과 정이야말로 그 무엇보다도 중요하다고 느낀
2011년의 정서를 반영한 것들이다.

## 보육원에 쏟아진 후쿠부쿠로

아이들 봉사 점수 때문에 인연을 맺게 된 보육원으로부터 전화를
받았다. 앞에서 소개한 나의 20년 지기한테서 종합 과자 세트 80박
스가 전달되었다는 소식이었다. 지난여름 보육원 아이들에게 야구
경기를 보여주기 위해서 지인의 도움을 받은 적이 있는데, 올겨울
에는 이런 선물까지 보낸 것이다.

사회복지사님의 웃음 가득한 얼굴, 좋아라 깡충깡충 뛰는 아이들
의 모습이 선하다. 며칠 전 올해는 IMF 때보다 더 썰렁한 겨울이라
고 우울해했는데, 과자 상자는 행복한 새해를 선물했다. 불혹의 나
이에 받아도 즐거운 선물인데, 어찌 좋아하지 않을 수 있겠는가.

내가 후쿠부쿠로라고 명명한 이 과자 상자에는 분명 '복'이 함께
한다.

# 부탄의 행복

　얼마 전 학생들에게 "만일 세상에 네 명의 왕만 존재한다면 어느 나라 왕이 남을까?"라고 질문을 던졌다. 다들 손가락을 꼽으면서 이 나라 저 나라 이름을 댄다. "일본, 영국, 부탄, 북한"이라고 한 학생이 답하자, 교실은 금세 웃음바다가 되었다. 정답이라 할 건 아니지만, 답은 트럼프 카드의 네 왕이다. 이건 어디까지나 난센스 수수께끼였다.

　재미난 사실은 학생들의 입에서 부탄이라는, 히말라야 산맥 동쪽에 위치한 인구 70만 명의 작은 불교 왕국의 이름이 거론되었다는 점이다. 얼마 전까지 인도의 보호 아래 있었으며, 해발 2000m 이상의 험한 산악 지대로 아직 해외 문화를 받아들이지 않은 곳이나. 열차도 고속도로도 없을 뿐 아니라 개별 여행을 허락하지 않는 나라라 이곳을 다녀간 여행자도 많지 않다.

2016년 잠룡이었던 문재인 대통령이 부탄을 방문하고 체링 톱게 총리를 만나 국민총행복지수(GNH: Gross National Happiness)와 지속 가능한 발전을 주제로 긴 대화를 나눴다. 그리고 '국민이 행복한 나라'에 대한 글을 SNS에 올렸으며, 부탄의 '국가행복청'에 관심을 가지고 이를 벤치마킹하려 한다는 이야기까지 있었다. 정치적 이야기는 잘 모르겠지만, 2017년에는 양국 수교 30주년을 기념해서 부탄의 행복 비결을 전하는 '부탄 행복아카데미'가 우리나라에서 개최되었으며, 부탄 수도에 위치한 축구 경기장에서 열린 〈슈퍼 콘서트 케이팝 인 부탄〉에서는 우리의 걸 그룹이 1만 3000명의 관객을 열광시켰다. 이런 소식들이 전해지면서 우리는 점점 부탄이라는 나라를 가깝게 느끼기 시작했다.

## 일본과 부탄의 오랜 만남

일본은 천황이 존재하는 나라인지라 오래전부터 왕족끼리의 교류가 있었으며, 최근에도 결혼을 앞둔 일본의 공주가 부탄을 방문하고 부탄의 왕가와 어울리는 이야기가 따뜻하게 전해지고 있다.

2011년 10월, 세계에서 가장 젊은 국왕인 지그메 케사르 남기엘 왕추크가 10살 연하의 평범한 여대생 제선 페마를 신부로 맞고 신혼여행으로 일본을 방문한다고 했을 때, '아시아판 세기의 결혼' 운운하면서 화제가 되었다. 지그메 케사르 남기엘 왕추크는 2008년

28살의 나이에 부탄의 5대 왕위에 올랐다. 일본에서는 황실의 나루히토 황세자가 이들을 맞이했고 황궁에서는 만찬회가 열렸다. 일본은 아름다운 신데렐라에 열광했다.

국왕 부부가 후쿠시마 원전에서 50km 떨어진 소마시를 방문하자, "외국 국가원수 중 원전에서 이렇게 가까운 곳을 방문한 사람은 처음"이라면서 일본은 감동했다. "모두를 안아드리고 싶습니다만, 대신 제 아내를 안겠습니다"라면서 왕비를 포옹하는 유머러스한 퍼포먼스는 일본인들을 매료하기에 충분했다.

부탄 국왕 부부가 일본을 방문한 6일간 일본은 온통 그들의 이야기로 가득했다. 잘생긴 젊은 국왕과 아름다운 왕비의 신데렐라 스토리는 일본을 뜨겁게 달구었고, 그 여운은 오랫동안 남아서 왕과 왕비만이 아니라 '국민 대다수가 행복하다고 생각하는 나라' 부탄에 대한 관심이 일본에 큰 바람을 일으켰다.

일본과 부탄의 만남은 이것이 처음이 아니다. 1951년에 아시아·태평양 지역의 개발 원조 프로그램 '콜롬보 계획'이 시작되었는데, 일본은 1954년 원조하는 나라로, 부탄은 1962년 원조를 받는 나라로 가맹했다. 그 일환으로 농업 전문가 니시오카 게지(西岡京治, 1933~1992)가 부탄의 농업 개발 지도자로 부임했다. 당초 2년 예정이었는데 28년이나 부탄에 머물면서 채소 재배, 품질 개발, 개척 등 농업 발전에 기여했다. 그는 외국인으로서 유일하게 부탄의 최고 작위인 '다쇼'를 받았다. 1992년 귀국을 앞두고 안타까운 숙음을 맞이하자 부탄에서는 국장을 치르고, 그의 공적을 기리는 불탑까지 세웠다.

니시오카는 오사카대학 나카오 사스케(中尾佐助) 교수의 제자다. 나카오는 히말라야 지역의 조엽수림 문화론을 제창하면서 1958년에 부탄을 최초로 방문한 사람이다. 여하튼 부탄에 대힌 일본의 관심은 참으로 오래된 일이다. 일본과 부탄의 국교 수립은 1986년의 일이지만 그 이전부터 이미 많은 왕래가 있었다.

1987년에는 일본의 황태자가 국왕의 초대를 받았고, 부탄에서는 매년 왕실 관계자와 정부 관계자가 일본을 찾고 있다. 1989년 쇼와 천황이 사망했을 때는 부탄의 국왕이 조문을 왔으며, 귀국 후에도 한 달 동안 상복을 입었다는 이야기도 전해진다.

일본의 부탄에 대한 무상 자원 협력이 누계 약 300억 엔에 이르고, 현재 부탄에는 약 150명의 일본인이 거주하고 있다고 하니, 이들의 관계가 어제오늘 만들어진 것이 아니라는 사실이 놀라울 따름이다. 물론 부탄에 거주하는 일본인은 대부분이 일본국제협력기구(JICA: Japan International Cooperation Agency) 관계자들이다.

## 행복한 나라

부탄은 1인당 국민소득이 2000달러 남짓한 가난한 나라이지만, 국민의 대다수가 스스로 행복하다고 자부하는 나라다. 1972년 4대 국왕 지그메 싱기에 왕추크는 문화적 전통 계승과 환경보호, 부의 공평한 분배를 통한 국민의 삶의 질 향상을 국정 운영 목표로 설정했다. 그는 이것을 이른바 '국민총행복'이라고 명명하고, 국민총생산(GNP)을 대신하는 새로운 후생 지표로 삼았다. 세계 모든 나라가 국부(國富)의 원천을 '생산'에서 찾을 때 부탄은 '행복'에서 찾고자 한 것이다. 부탄은 경제성장보다 국민의 행복에 우선권을 두는 나라다.

부탄 왕이 다녀가고, 일본은 국내총생산 등의 경제지표만으로는 측정할 수 없는, '국민의 마음의 풍요로움'을 나타내는 '행복지표'의 시안을 공표했다. 시안은 경제 규모만이 아니라 마음의 행복감을 기본으로 세 개의 지표를 설정했다. '경제사회 상황', '심신의 건강', '가족과 사회와의 관계성'이 그것인데, 이 세 개의 지표를 다시 열한 개 분야로 나누고, 이를 다시 132개의 개별 데이터를 통해 분석한 다음 행복을 수치화하는 것이 목표다.

'경제사회 상황'의 판단 자료에는 '어린이의 빈곤율'과 '육아휴직 취득률' 외에도 '방사선에 대한 불안' 등의 주관적 항목이 들어 있다. '관계성'에서는 가족이나 친구와의 접촉 밀도만이 아니라 '어려운 사람을 돕는 것이 당연하다고 생각하는 정도' 등의 항목도 활용한다. 관련 데이터를 수집하고 행복지표의 유효성이나 개별 데이터 검증을 진행하지만 단일 지표는 만들지 않을 방침이다.

이건 분명 부탄의 행복 바람이 남기고 간 결과가 아닐까 생각한다. 행복지표를 가지고 있는 곳은 부탄만이 아니다. 영국 신(新)경제학재단은 2009년 143개국을 대상으로 기대 수명, 삶의 만족도, 환경오염 정도 등을 평가해서 국가별 행복지수(HP)를 산출하고 순위를 매겼다(부탄 17위, 한국 68위, 일본 75위). 영국 레스터대학에서는 2006년 178개국을 대상으로 건강, 경제, 교육 세 가지 요소를 가지고 세계행복지수를 발표했다(부탄 8위, 한국 102위, 일본 90위). 경제협력개발기구(OECD)도 2007년 평균 행복, 행복수명, 행복 불평등, 불평등 조정 행복을 기준으로 각 국가의 GNH 정도를 측정했다.

이런 지수들은 각기 다른 기준과 요소를 가지고 산출된다. '행복'이라는 정성적(定性的)인 요소를 정량적(定量的)으로 평가한다는 건, 어쩌면 처음부터 무의미한 일인지도 모른다. 하지만 경제성장만을 위해서 달려온 국가가 국민의 행복에도 관심을 가진다는 것만으로 의미 있는 일이 아닐까.

마지막으로 부탄 왕국의 한 관료가 한 말을 소개하겠다. "행복은 가진 것으로 잴 수 있는 것이 아니다. 지금 가지고 있는 것에 대해서 얼마나 만족하는가가 행복의 열쇠다." 나는 지금 나에게 묻는다. "행복한가?"

# 딸아이의 일본 나들이

방학이라 딸아이를 일본 할머니 댁에 보내기로 했다. 할머니가 얼마나 예뻐하는 손녀딸인가. 아직도 손바닥만 한 스웨터를 짜서 보내는데, 최근 일 년 사이 얼마나 컸는지 보여드리고 싶었다. 고등학생이 되면 좀처럼 시간을 내지 못할 것이라 특별 보너스를 마련한 셈이다. 고등학교 삼 년 찍소리 말고 공부만 하라는 무언의 압박도 겸해서 이런 결정을 내렸다.

혼자보다는 친구와 함께 하면 좋을 것 같아서 친하게 지내는 친구를 꼬드겼다. 사실 손녀딸 혼자면 할머니가 온종일 따라다녀야 하니, 친구가 하나 있는 게 나을 것이다. 밥만 주면 저희들이 알아서 도쿄를 휘젓고 다닐 것이니 말이다. '춘향이 가는데 향단이노 있어야지' 하는 마음으로 친구를 꾀었는데, 친구 역시 '향단이가 간다니

춘향이도 가볼까' 하는 마음으로 가겠다고 했다. 누가 춘향이고 향단이든 귀하지 않은 딸이 어디 있으랴.

어린 딸아이를 바다 건너로 보낸다는 건 쉬운 결정이 아니었다. 할머니 댁이라고는 하지만 그래도 마음이 쓰인다. 막상 결정을 내리기는 했지만 떠난다는 두 아이들보다 두 엄마의 마음이 무거웠다. 이런저런 걱정을 했고, 너무 큰일을 겁 없이 결정한 것이 아니었나 조금은 후회하기도 했다. 항공사에 '비동반 아동 서비스', 이른바 보호자 없이 여행하는 아동을 목적지에서 인수자에게 인계하는 서비스를 신청하자고 했다. 휴대폰 로밍도 확실하게 하고, 보험도 들기로 했다.

그런데 우리 아가씨들은 엄마가 생각하는 것보다 훨씬 용감하고 훌륭했다. "창피하게, 우리가 뭐 아기인 줄 알아"라면서 비동반 아동 서비스 같은 것은 필요 없다고 했고, 하네다 공항에서 할머니가 계시는 신주쿠까지 리무진을 타고 갈 것이라고 했다. 가이드북을 보고 이미 다 연구했다는 것이다. 디즈니랜드니, 도쿄 타워니 스케줄 표를 빽빽이 메웠다. 그것만인가. 저희들 학교에 유학 왔던 일본인 친구와 연락이 닿아 도쿄에서 만나기로 했다면서 국제적인 인맥을 자랑했다. 우리 딸 똑똑하기도 하지.

바깥에서 들어오자마자 양말을 벗어서는 현관에, 셔츠를 벗어서는 소파 위에 던지고 다리를 쭉 뻗으며 드러눕는 아이에게 "얘, 일본은 집이 좁으니 이러면 안 되는 거 알지"라고 나무라면 "당연하지. 일본에서는 절대로 내 긴 다리를 자랑하지 않을 것이며, 잠을 잘 때도 칼잠을 잘 거야"라면서 입을 열지 못하게 했다.

## 드디어 출발

드디어 그날이 왔고, 두 아이를 차에 태워 김포공항으로 향했다. 어젯밤 잠을 제대로 못 잔 모양이다. 뒷자리에서 꾸벅꾸벅 졸다가 깬 딸아이가 "야 우리는 항상 깨어 있어야 해"라면서 친구를 깨우는 모습을 보니 마음을 놓아도 되는지 아닌지, 비행기는 떠났다.

5박 6일. 전화를 해도 받지 않는다. 낮에는 돌아다닌다고 받지 못하고, 밤에는 지쳐서 쓰러져 잔다고 받지 못하고, 어쩌다 전화를 받으면 딸아이 둘에 할머니까지 여자들 웃음소리에 뭔 소리인지 알 수 없는 말만 하다가 끊는다. 즐거운 모양이다. 행복한 모양이다. 이 기억이 영원하기를 바랄 뿐이었다.

일제강점기 때 부잣집 도련님 몸종까지 붙여서 유학 보내면, 사각모자 쓰고 오는 이는 몸종이고 도련님은 게이샤 하나 끼고 왔다고 한다. 두 아가씨가 가지고 올 기억이 '사각모자'인지 '게이샤'인지는 먼 훗날 시간이 지나야 알 수 있다고, 두 엄마는 브런치 카페에서 웃었다.

마침내 딸아이가 커다란 가방을 들들들 끌고 집으로 돌아왔다. 집을 떠나는 그날보다 한 뼘은 더 자란 것 같았다. "엄마 나 보고 싶었지"라면서 가방을 푸는데 별별 요상한 것들이 가득하다. 디즈니랜드에서 샀다는 온갖 배지들과 미키마우스 발바닥 모양의 주걱.

알록달록한 불량 식품. 선물이라고 스카프 두 장. 그것도 한국에도 진출해 있는 중저가 메이커의 물건이라 눈에 익은 것이다. 그건 그렇고 한류 스타의 사진을 왜 일본에서 사오는 건지, 알 수 없는 일이었다.

## 가까워진 거리

이런 소리 하면 언제 적 얘기냐고 하겠지만, 내가 그 나이 때는 일제 볼펜만 하나 가지고 있어도 자랑거리였다. 일본은 바다 건너 먼 나라였다. 그런데 지금은 이 어린 여자아이들도 가이드북 하나로 돌아다닐 수 있는 나라가 되었다. 지구가 좁아진 것인지, 우리가 일본에 다가간 것인지, 일본이 우리에게 다가온 것인지. 우리네 춘향이와 향단이가 특별히 씩씩한 건지 알 수 없는 일이다.

하네다공항과 김포공항이 새 단장을 하고 항공편이 늘어나면서 서울과 도쿄는 더욱 가까워졌다. 금요일 밤에 떠나서 주말을 보내고 온다는 '도깨비 관광'이라는 것이 젊은이들 사이에서 유행한 것은 오래전의 일이다. 이들에게 깃발을 든 '단체 투어'는 촌스러운 단어일 뿐이다. 싼 항공권을 구하고 인터넷으로 민박집을 찾아서 떠난다. 그러고는 시부야니 하라주쿠니, 캐릭터의 성지라는 아키하바라 거리를 마냥 누빈다.

스위스에 사는 놈이 외식하러 국경을 넘어 독일로 간다는 이야기나, 파리에서 공부하는 친구가 뮤지컬을 보기 위해서 주말에 도버

해협을 건너 런던 웨스트엔드 거리로 간다는 이야기를 들었을 때 유럽은 특별한 곳이라고 생각했다. 그런데 이런 이야기가 현해탄을 사이에 둔 서울과 도쿄에서도 가능해지리라 생각하는 건 터무니없는 욕심일까? 아시아도 유럽처럼 하나가 될 수 있다고 생각하는 건 황당한 희망일까?

황당한 생각이었던 것 같기도 하다. 우리 딸 일본 간 이야기를 자랑삼아서 했더니, "너는 딸아이를 불임으로 만들고 싶냐"면서 핀잔을 주는 이가 있다. 동일본대지진 이후 일본을 기피하는 목소리는 더 커졌다. 일본에서 건너온 먹거리는 절대로 먹어서는 안 된다고 예쁜 포장지에 싸인 녹차를 그냥 쓰레기통에 넣는다. 현해탄을 사이에 두고 발생하는 크고 작은 사건들이 우리 사이를 녹록지 않게 하고 있다. 그래도 나는 희망한다. 우리 딸아이가 날개를 펴고 세상을 향하는 그날에는 서울도 도쿄도 우리 아이들의 멋진 무대가 되기를.

# 교토에서 만난 예쁜 아이들

나는 지금 교토다. 단풍 절정기다. 교토라고 했을 때 떠올릴 수 있는 가장 교토다운 그림을 볼 수 있는 시기다. 세상은 울긋불긋 많은 이야기를 담지만, 시간은 천천히 긴 숨을 내쉬는 11월의 이 도시를 나는 좋아한다. 나직나직 특유의 리듬을 타고 지저귀는 듯 들리는 교토 사투리는 먼 시간 속으로 여행하고 있다는 착각에 빠지게 한다.

천년의 옛 도읍지 교토는 번화하다. 사찰과 신사로 즐비한 골목골목에는 관광객들의 수다스러운 발걸음으로 북적댄다. 그래도 드문드문 작은 가게에서는 교토를 터전으로 살아가는 사람들의 냄새가 보이니 그 역시 반갑다.

교토에서의 즐거움은 오래된 건물 속에서 역사를 느끼는 것만이

아니다. 기모노를 곱게 차려입은 사람들의 모습을 가까이에서 바라
보는 것 역시 즐거움의 하나다. 교토의 시가지에서는 기모노 차림
의 사람들을 쉬이 볼 수 있다. 관광객 중에는 스튜디오에서 기모노
를 빌려 입고 마치 교토를 무대로 영화를 찍는 양 활보하는 사람도
있고, 코스프레를 즐기는 젊은이도 있다. 그것뿐이겠는가. 토박이
들의 자연스러운 걸음걸이를 만나는 일 또한 즐겁다.

## '시치고산'의 시작

11월 15일은 시치고산(七五三)이다. 글자 그대로 일곱 살, 다섯
살, 세 살이 된 아이의 성장을 축하하는 일본의 연중행사다. 아이들
을 곱게 차려 입히고 신사나 절에 가서 건강하게 성장한 것을 감사
하고 행복을 기원한다.

시치고산이 도쿠가와 막부 5대 쇼군 쓰나요시(綱吉)가 병약한 장
남 도쿠마쓰(德松, 1679~1683)의 건강을 기원하는 행사에서 비롯되
었다는 유력한 설이 있는 것으로 보아 이 행사는 17세기부터 시작
된 것 같은데 확실하지는 않다. 음력 11월은 수확을 마치고 신에게
감사하는 달이다. 보름날 마을 사람들이 수호신을 찾아 수확에 감
사하고, 아이의 성장에 감사하고, 가호를 빈 것에서 비롯되었다는
이야기도 있다.

그 외에도 세 살이 되면 아이의 머리를 더 밀지 않고 기르기 시작
하는 '가미오키(髮置)' 의식, 다섯 살이 된 남자아이가 처음으로 하카

마(정장 바지)를 입는 '하카마기(袴着)' 의식, 일곱 살 된 여자아이가 어른과 같은 모양의 오비를 하는 '오비토키(帶解)' 의식에서 유래되었다는 말도 있다. 이런 의식을 통해서 아이들은 비로소 사회의 일원으로 받아들여졌다.

메이지유신 이후 음력을 더는 사용하지 않게 되면서, 양력 11월 15일을 '시치고산' 날로 정하고 그 기념일이 지금까지 이어지고 있다. 지역에 따라 13세가 되는 해 축하 행사를 하는 곳도 있고, 날을 달리해서 기념하는 곳도 있으며 호사스럽게 피로연을 베푸는 곳도 있다. 여하튼 내 새끼 잘 자라서 고맙고, 더 잘 자라기를 바라는 부모의 마음이 담긴 날이다.

사실 일본도 근대 이전에 아이를 무탈하게 키운다는 것은 쉬운 일이 아니었다. 역병과 영양부족 등의 문제로 영유아 사망률이 높았기 때문에 일곱 살이 되기 전까지는 하나의 인간으로 인정하지 않았다. '이 세상과 저세상 사이의 존재라 언제라도 신의 품으로 돌아갈 수 있다'고 생각했었고, 그러니 아이의 죽음 역시 자연스럽게 받아들였다. 하지만 일곱 살이 되고부터는 달랐다. 비로소 지역사회에서 하나의 인격체로 인정했다. '시치고산'은 바로 이런 의미에서 비롯된 의식이었을 것이다.

## 신사를 찾은 아이들

헤이안 신궁 역시 사람들로 북적인다. 빨간 기둥 사이로 예쁜 기모노를 입고 한껏 멋을 부린 어린아이들의 모습이 살짝살짝 보일 때마다 저절로 미소 짓게 된다. 젊은 엄마, 아빠의 모습도 보이고 할아버지, 할머니의 모습도 보인다. 귀하디귀한 내 자손, 이 순간의 그림을 기억하기 위해서 카메라 셔터를 누르기 바쁘다.

머리부터 발끝까지 어른 흉내를 내고 뽀얀 분칠을 한 여자아이는 새침하게 자세를 취한다. 깜찍하고 자깝스럽다. 이때 내 눈을 의심케 하는 한 아이가 있었다. 참 예쁜데, 정말 예쁘고 화사하고 좋은데, 그런데 그게 마이코(교토의 게이샤 수습생)의 기모노를 입고 있는 게 아닌가? 보아 하니 하나가 아니었다. 여기도 저기도 심심치 않게 보인다.

모르겠다. 나라면 딴 건 몰라도 딸아이에게 마이코 옷 따위는 입히지 않을 것이다. 아무리 예쁘다 해도, 혹 내 딸이 그런 운명을 살까 보지도 못하게 할 것 같은데 참 재미난 나라다. 설마 장래 희망이 마이코는 아닐 텐데 말이다. 아무리 마이코가 '예술을 업으로 하는 사람'으로 매춘부나 유녀와는 구분된다 해도 기녀는 기녀다. 어쨌건 이해할 수 없는 그림을 보고 나도 카메라 셔터를 눌렀다.

# 천황의 러브 스토리

　이번에도 마지막 남은 돈은 모두 헌책방에서 쓰기로 했다. 전공 서적 코너에서 벗어나 화려한 화보집이 있는 코너로 갔다. 양장 제본의, 보기만 해도 비쌀 것 같은 책들이 즐비한데 여기에 황실과 관련된 화보집들이 있어서 걸음을 멈추었다. 황실은 그림만 봐도 황홀하다. 글도 읽을 줄 모르는 어린 시절 엄마의 무릎 위에서 『신데렐라』니 『백설 공주』니, 그림책 속의 왕자와 공주를 만났다. 이불을 덮어쓰고 순정 만화책에 빠지는 사춘기 그 나이에는 『베르사유의 장미』니 『오르페우스의 창』이니 하는 서양 왕실 이야기에 매료되었다.

　1981년 영국 세인트폴 성당에 모습을 드러낸, 자락이 7m나 되는 웨딩드레스의 주인공 다이애나 왕세자비는 여드름 어지러운 10대

소녀에게 왕실의 이야기는 인쇄된 종이에서만이 아니라 현실에도 존재한다는 사실을 여실히 보여주었다. 그녀의 걸음걸이 하나하나 넋을 놓고 지켜봤다. 생중계를 지켜보는 세계 7억의 사람 중에 나도 있었다.

## 지금도 사랑받고 있는 미치코 황후

일본 황실과 관련된 화보집이 참 많기도 하다. 『도시노미야 아이코 님 탄생』, 『아야노미야 님과 기코 님의 결혼 기념 사진집』, 『쇼와 천황 사진집』 등의 표지에는 금색이 반짝이는 유럽형 마차에 몸을 실은 미소 가득한 황태자비의 얼굴과, 근엄한 천황의 얼굴이 있다. 한 손으로는 들기도 무거운, 두꺼운 화보집을 들척이면서 가격을 보니 원래는 2000엔 전후였던 것이 지금은 200엔의 가격표를 달고 있다. 이때, 요란하지 않은 한 권의 책이 눈에 들어온다. 양장도 아니고 쪽수가 100쪽을 넘지 않는데 대단히 매력적이다. 기모노 차림의 젊은 시절 미치코 황후의 모습이 단아하게 담겨 있다. 책 제목도 『일본 여성의 프라이드, 미치코 님』이다. 원래는 830엔이었는데, 헌책은 500엔이란다.

헌책방의 '가격'은 특별한 의미를 담고 있다. 종이 값이 아니라 그 책 자체의 가치를 말한다. 지금도 일본 황실 이야기 중 가장 사랑받고 있는 사람은 황태자비도 어린 공주도 아닌 미치코 황후라는 사실을 잘 알려주는 것이 헌책방 왕실 화보집에 붙은 수기의 가격표다. 미치코 황후의 화보집은 다른 화보집에 비해 두세 배 더 가치가 부여되었다. 한 장 한 장 넘겨 보는데 절로 미소가 흘렀다. 50~60년 전 사진인데도 어찌 이리 고운지, 입고 있는 옷들은 지금 보이도 결코 촌스럽지 않다.

1934년생이니 여든이 넘었다. 미치코 황후와 아키히토 천황이 테니스장에서 키운 러브 스토리는 잘 알려져 있고, 두 사람은 지금도 '동경(憧憬)의 베스트 커플'이라는 평을 받는다. 혹자는 말한다. "헌법에서 천황을 국민 통합의 상징이라고 하는데, 그보다 이상적 부부의 상징이라고 말하고 싶네요."

"80세를 넘기면서 체력 등 여러 제약을 느낍니다. 일본 사회는 고령화가 진행되고 있습니다. 천황 역시 고령일 경우, 어떤 자세가 바람직한지 제 개인적 생각을 이야기하고 싶습니다. 저는 즉위 이래 국사를 수행하면서 일본 헌법에서 상징으로 규정하는 천황의 바람직한 모습에 대해서 매일매일 고민해왔습니다."

2016년 천황은 생전에 퇴위하겠다는 의사를 밝혔다. 여기에는 여러 추측이 있는데, 황후에 대한 배려 때문이라는 말도 있다. 퇴위하면 부부는 지극히 자유로운 삶을 영위할 수 있다. 여행도 외출도 할 수 있다. 이것이 천황이 바라는 여생일 것이라고 추측해 하는 말이다.

## 젊은 황태자의 배필감

아키히토 천황이 19살의 젊은 황태자였던 시절, 그는 영국 엘리자베스 여왕의 대관식에 참석했다. 이때 여왕에게서 점심 식사에 초대받았는데, 어린 왕자와 공주가 모두 그를 따뜻하게 맞아주었다. 식탁에서 아이들이 투정을 부리면 여왕이 타이르고, 가족이 함께 식사하는 모습은 영락없는 보통 가족의 모습이었다. 황태자에게는 놀라운 풍경이었다.

황태자는 세 살 때부터 부모, 형제와 떨어져 넓은 동궁에서 살았다. 이것이 전통이었다. 그 외로운 시간을 지켜본 사람은 영어 교사 엘리자베스 바이닝(Elizabeth Janet Gray Vining)이었다. 1946년 민주주의 교육 전파를 목적으로 미국 교육 사절단이 황거를 방문했을 때, 쇼와 천황이 황태자의 가정교사를 직접 청탁해서 선발한 사람이다. 그녀는 황태자가 12살 때부터 5년간 어머니와 같은 마음으로 황태자를 돌보았다. 바이닝의 가정교사 시절 일기는 일본 헌정 자료실에 수장되어 있고, 당시의 이야기는 훗날 『황태자의 창』이라는 책으로 출간되어서 베스트셀러가 되었다. 여담이기는 한데, 바이닝은 1969년 베트남전쟁 반대 시위에 참가해 워싱턴 국회의사당 앞에서 체포된 것으로도 알려진 사람이니 어떤 성향의 인물인지 가히 짐작된다.

다시 황태자의 구미 방문을 이야기하겠다. 황태자는 1953년 대관식에 참가하고 구미 14개국을 여행했다. 일본이 침략국의 오명에서 벗어나지 못한 채 '세계 속의 고아'로 남아 있던 시대인지라 이 기회에 친선을 맺고 이해를 구할 수 있기를, 많은 사람들이 희망하는 여행이었다. 일본 국민은 당당하게 공무에 임하는 황태자의 모습을 뉴스로 보며 가슴을 두근거렸다. 그리고 황태자비가 될 여성에 대해서 관심을 쏟기 시작했다. 황태자는 스페인에서 세 개의 브로치를 사왔다. 하나는 어머니, 하나는 여동생, 또 하나는 언젠가 만날 배우자를 위한 것이었다.

당시 황태자의 공무 전반을 담당하고 결정권을 행사한 관리는 경제학자 고이즈미 신조(小泉信三)였다. 기독교인이고 전 게이오대학 학장이며 일본 지성의 상징과도 같은 인물이었다. 황태자가 고등과에 진학하자 황태자의 '제왕학 스승'으로 초빙되었다. 그가 황태자의 배필에 대해 바이닝과 상의한 적이 있는데, 바이닝은 다음과 같이 말했다고 한다.

"황태자는 '미'에 관해서 날카로운 눈을 가졌으니 아름다운 분이어야 하고, 마음이 따뜻한 분이어야 합니다. 외국어도 할 줄 알고 인내심도 가진 분이면 좋겠습니다."

## 2000년 황실 역사 최초의 민간인 며느리

당시 황태자비는 도키와카이(常盤會)에서 선택했었다. 도키와카이는 가쿠슈인(學習院) 여자고등과 동창회 조직이다. 전후에 일본의 귀족이 쇠퇴했다고 하지만, 상류층 아내들의 사교회이자 귀족이었던 사람들이 화려한 세력을 자만하는 모임이었다. 그런데 아키히토 황태자는 황실의 관례를 깨고, 자신의 배필로 황족이 아닌 민간인 쇼다 미치코(正田美智子)를 선택했다. 그 배후에는 바이닝과 고이즈 미 신조 등이 있었다.

쇼다 미치코는 닛신 제분(日淸製粉)의 사장 쇼다 히데사부로의 큰 딸이다. 가톨릭계 세이신여자대학(聖心女子學院)을 수석으로 졸업 한 밝고 예쁘고 건강한 처자였다. 오사카대학 학장, 도쿄대학 명예 교수, 미쓰비시 은행장 등을 배출한 만만찮은 집안이었지만 황태자 와의 혼담에서 평민이라는 점은 커다란 걸림돌이었다.

일본을 대표하는 피서지 가루이자와 테니스 코트에서 첫 만남, 그리고 첫 시합에서 황태자를 이긴 미치코. 젊은 황태자의 시선에 가슴이 두근거리지 않을 처자가 있을까. 주변에서는 두 사람의 관 계를 운운했지만, 미치코와 그 가족은 신분의 차이로 절대 이루어 질 수 없는 사이라면서 대수롭지 않게 여겼다. 그러나 어릴 때부터 황후가 되기 위해 교육을 받은 천황비의 생각과는 달리, 쇼와 천황 은 아들이 혈연이 가까운 사람과 결혼하기를 바라지 않았다. 결국 아키히토 천황과 민간인 미치코의 결혼은 쇼와 천황의 허락으로 이 뤄졌다.

마음의 흔들림을 달래기 위해서 유럽으로 여행을 다녀온 미치코 에게 황태자는 매일 밤 전화로 청혼을 했다. 미치코는 "여행으로 시 집갈 돈을 다 써 버렸으니 청혼을 받을 수 없습니다"라는 말로 기절 했는데, "가방(柳行李: 냇버들로 짠 상자) 하나만 들고 오십시오"라는 말에 승낙했다는 이야기가 전해졌다. 이것은 사실 매스컴에서 지어낸 이야기였다는 것이 몇십 년 후에야 밝혀지기도 했지만, 여하튼 가슴 설레는 이야기다.

첫 만남으로부터 1년 3개월 후, 1958년 11월 27일 황실 회의에서 만장일치로 결혼이 결정되었고, 일본은 온통 미치코 붐에 빠졌다. 당일 기자회견에서 황태자의 매력에 대해서 질문하자 미치코는 "대단히 성실하고 훌륭해서 마음으로부터 신뢰하며 존경할 수 있는 분이라는 점에 매력을 느낍니다"라고 말했다. 이 말은 곧바로 유행어가 되었다. 황태자와 미치코의 커다란 사진은 백화점 건물을 장식했다.

결혼을 앞두고 쇼와 천황에게 인사 가는 날, 미치코는 하얀 원피스에 밍크 숄을 걸쳤다. 이 장면이 텔레비전으로 방영되면서 밍크도 함께 주목을 받았다. 도쿄 올림픽을 앞둔 당시는 경제성장의 호경기 속에서 일반 서민도 풍요로움을 실감하는 시대였다. 모피 역시 일부 권력자만의 사치품에서 일반 서민들도 동경하며 손을 뻗을 수 있는 물건이 되었다. 그 시작이 여기에 있다.

1959년 4월 10일 치러진 결혼식. 신데렐라 이야기는 "결혼해서 행복하게 살았습니다"로 끝을 맺는다. 다음에 이어질 엄청난 이야기는 들려주지 않는다. 그래서 아름답다.

# 가을 모기

새벽 네 시에 책상에 앉았다. 나의 짙은 잠을 깨운 건방진 녀석은 몸길이 15mm, 무게 2mg의 모기다. 손등이 볼록한 가려움은 침을 바르고 손톱으로 꾹꾹 눌러 참을 수 있지만, 귓가에서 앵앵~거리는 날갯짓 소리는 참을 수가 없다. 두꺼운 이불을 머리까지 덮어도 소리는 지워지지 않는다. 1초에 600번가량의 날갯짓을 한다고 하니 오죽하겠는가. 500~600Hz의 높은 소리는 짜증스럽기만 하다. 나이를 먹을수록 가청음의 범위가 좁아져 모기의 고음역 날갯짓 소리는 잘 들리지 않는다고 하는데, 참으로 잘 들리는 것을 보니 아직 내 귀는 늙지 않은 모양이다.

시월 말에 이게 무슨 일인지 모르겠다. "처서가 지나면 모기도 입이 비뚤어진다"는 속담은 어느 나라 속담이란 말인가. 여하튼 세상이 이상해진 게 분명하다. 지구온난화 운운하는데 그 때문일까. 도심의 열섬 현상도 무시할 수 없을 것이다. 재미난 사실은 모기의 성장 속도가 빨라져 개체 수가 폭발적으로 증가했다는 것이다. 원래 성충이 되려면 12일 정도 걸리는데 지금은 열흘이면 충분하단다. 영양분이 좋아지면서 아이들의 성장 속도가 빨라졌다. 암컷 모기가 영양분 좋은 사람의 피를 먹고 알을 낳으니 그 역시 성장 속도가 빨라졌을 것이라고 마음대로 생각한다.

모기의 화석은 1억 7000만 년 전 중생대 쥐라기 지층에서도 발견되었다고 하니 만만하게만 볼 놈이 아니다. 더듬더듬 안경을 찾아 쓰고 불을 켰다. 올여름 장만한 전기 모기 채를 한 손에 들고 전쟁을 선포한다. 한쪽 벽에 등을 기대고 나의 눈은 레이더를 발사해서 스캔하듯 벽 하나를 훑어 내린다. 분명 소리가 들리는데 모습은 드러나지 않는다. 어쩌다 내 앞을 스쳐 가는데 다시 사라진다. 마치 순간 이동을 하는 것 같다. 한참을 기다리다 드디어 성공. 치지직, 불꽃을 튀기면서 감전사하는 소리다. 건방지게도 오징어 타는 냄새가 난다.

이제야 편안한 잠을 청해야겠다고 불을 끄는데, 다시 앵앵~ 소리가 난다. 한 마리 더 있는 모양이다. 살짝 내 손등을 건드리는데 무게감이 느껴진다. 가을 모기 살이 찔 대로 쪄서 꽤 큰 놈인 모양이다. 주둥이도 야물 것이 분명하다. 정말 화가 난다. 잠을 포기하고 불을 켰다. 오후 늦게 겁 없이 들이켠 커피가 후회되기도 했다. 결국, 하는 짓이라고는 휴대폰을 켜 보는 일이다. 지구 저 반대쪽, 여섯 시간의 시차가 있는 나라로 봉사 활동을 간 일본 친구에게서 온 반가운 글이 있다.

## 모기가 쥐어뜯었다고?

"모기한테 물려서 잠을 깼고, 아직은 내 귀가 늙지 않아서 모기의 날개 소리를 쫓아 피를 듬뿍 먹은 모기를 때려잡았다"는 영웅담을 문자로 찍기 시작했다. 모기한테 물린 정도가 엄청나다는 말을 하기 위해서 "모기란 놈이 얼마나 쥐어뜯었는지 성한 곳이 없다"는 호들 갑을 떨려고 하는데, 내가 쓰고 있는 단어들이 의심되기 시작했다.

'모기가 물다'라는 표현부터 머뭇거려졌다. 모기가 물었다는 것은 윗니와 아랫니로 깨물었다는 것이 아니라 살을 찌르는 것이니 '깨물다'라는 뜻의 '가무(噛む, 咬む, 嚼む)'가 아니라 '찌르다'라는 뜻의 동사 '사스(刺す)'를 쓰는 게 옳다. 그러니 언감생심 모기가 쥐어뜯었다는 말을 어찌 쓸 수 있겠는가. 우리말 '물다'에는 모기 따위의 벌레가 주둥이 끝으로 살을 찌른다는 뜻도 있다니, 사자가 무는 것이나 모기가 무는 것이나 이 표현이 가능하다. 영어에서도 'bite'를 쓰니 우리와 같은 느낌인데 일본어에서는 확실한 구분이 필요하다.

피를 먹었다는 표현도 주의해야 한다. 우리는 '먹다'라는 동사를 '술을 먹다' '밥을 먹다' 등의 용례에 다 사용하지만, 일본어에서는 '먹다(食べる)'와 '마시다(飮む)'를 확실하게 구분한다. 언젠가 일본 친구에게 "술 먹고 싶다"라고 했더니, 한참 후에 흥분된 목소리로

'먹을 수 있는 술'을 찾았다면서 상자를 하나 들고 왔다. 열어봤더니 그 안에는 알록달록한 구슬 모양의 젤리가 들어 있었다. 고농도의 알코올을 특수 제법으로 만든 것이라 씹어서 먹을 수 있는 술이라고 설명했다. 간혹 인터넷에 '먹는 술'이라는 키워드가 있어서 보면, 얼려서 숟가락으로 떠먹는 정종, 분말 알코올 등 특별한 것들을 소개한다. 이런 사람들이 쓰는 언어이니, 모기가 내 피를 '먹었다'가 아니라 반드시 '마셨다'라고 해야 한다.

아니다, '마시다'도 아닌 것 같다. 정교하게 표현해서 여기서는 '스우(吸う)'라는 동사를 쓰는 게 맞겠다. 벌컥벌컥 마시는 것이 아니라 빨대로 빨아들이는 것과 같으니 말이다. 사실 '스우'라는 단어도 상당히 재밌다. '담배를 피우다', '맑은 공기를 마시다', '숨을 쉬다', '국을 먹다', '젖을 빨다' 등의 우리말 표현을 모두 '스우'로 표현한다.

그 행위를 어떻게 인식하는가에 따라 쓰는 동사가 다르다. 세상을 보는 눈이 다르면 동사에 대한 해석도 다른 법이다. 동사가 이 정도니 형용사는 어떻겠는가. 외국어란 공부하면 공부할수록 참으로 어려운 것이다. 한밤에 깨어 모기를 잡다 말고 나는 이렇게 동사에 빠져서 허우적거리고 있다.

# 사할린과의 만남,
# 〈명자 아끼꼬 쏘냐〉

　　2017년 여름, 한국영상자료원에서 '매혹의 배우, 김지미'를 주제
로 데뷔 60주년 특별전을 열고 그녀의 출연작 20편을 상영한다는
데, 거기에 〈명자 아끼꼬 쏘냐〉도 있었다. 나는 이 소식을 접하는
순간, 내 나이 26살, 세상 모든 일에 의욕이 넘쳐나던 그 젊은 날을
떠올렸다.

### 1991년, 〈명자 아끼꼬 쏘냐〉

　　영화인들을 위한 작은 모임에서 일본 공사의 통역을 한 적이 있
었는데, 이것이 계기가 되어 이장호 감독의 영화 〈명자 아끼꼬 쏘
냐〉에 참여하게 되었다. 1990년대 〈길소뜸〉, 〈티켓〉 등 사회적 메

시지가 담긴 작품으로 유명한 송길한 작가의 시나리오다. 내가 해야 하는 일은 시나리오 중 '일본어'여야 할 부분을 번역하고 그것을 배우들이 정확하게 표현할 수 있도록 돕는 일이었다. 이 일을 얼마나 잘할 수 있을지 자신은 없었지만, 호기심 가득한 마음으로 참여했다.

18억 원(1990년대 초 영화 제작비는 보통 3억 원 정도)이라는 엄청난 제작비, 사할린 올 로케이션, 연 동원 인원 3만 명 등 〈명자 아끼꼬 쏘냐〉와 관련된 소식이 신문을 화려하게 장식했다. 그러니 나에게는 또 다른 세계의 화려한 경험이 될 것임이 분명했다. 특별한 외출이었다. '역사학도'라는 수식어가 부담스럽기만 했던 나는 이것을 계기로 뭔가 조그만 만족감을 얻고 싶었다. 그리고 또 하나 막연한 허영심이 발동했다는 점도 숨길 수 없다. 김지미, 이영화, 김명곤, 이혜영 등 당시 화려한 은막 스타들과 작업을 한다는 그 자체만으로도 나를 유혹하기에 충분했다. "가시나 겁도 없다. 소련 놈이 어떤 놈인데, 못 돌아오면 우짤라카노. 사카린이 소련 어데쯤 붙었는데. 전화도 안 된다 카더라." 나를 걱정하는 막내 이모의 말은 귀에 들어오지 않았다.

휴학계를 내고 뒤도 돌아보지 않고 사할린행 비행기를 탔다. 그때는 김포에서 사할린까지 가는 비행기가 없었다(인천 - 유즈노사할린스크 직항기가 투입된 것은 그리고도 한참 시간이 지난 2007년의 일이다). 하바롭스크까지 가서 갈아타고 어쩌고 하는 복잡한 항로만 있을 뿐이었다. 그러니 혼자서는 돌아올 수도 없는 멀고 불투명한 곳을 향해 영화사에서 마련한 전세 비행기에 몸을 싣고 지도에서만 확인한 동토의 섬 사할린으로 떠났다. 1991년 소련 정변 발생 이틀 후인 8월 20일의 일이다. 침울하고 혼란한 시기였다. 전화를 하려면 신청을 하고 한나절은 기다려야 하는 그런 곳이었다. 어려서, 몰라서 용감한 시절이었다.

유즈노사할린스크에 도착하는 순간부터 모든 스태프는 엄청난 스케줄에 끌려다녔다. 나는 워드프로세서 앞에서 시나리오를 번역하고 이것을 배우들과 연습했다. 이것만이 아니었다. 특수 분장이니 동시녹음, 의상 담당 등 일본에서 초빙한 제작진을 챙기는 일도 내 몫이었다. 여하튼 밤새워 연습하고 현장에 나가면, 현장 감각이 탁월하기로 유명한 이장호 감독은 그날 그 순간의 느낌을 가지고 대본을 순식간에 바꾸고 수정했다. 나도 당황하고 연기자들도 당황하고, 결국에는 커닝 페이퍼를 만들어 구석구석 붙이는 것이 내 일이었다.

모두가 최선을 다했다. 이때의 '최선'은 내가 할 수 만큼의 최선이 아니라, 끝이 보이지 않는 최선이었다. 감독의 말 한마디에 집이 만들어지고 마을이 만들어지고 심지어 산도 바다도 만들어졌다. '속았다. 속았어. 이렇게 힘든 일인 줄 몰랐어.' 그러나 어쩔 도리가 없었다. 미리 받은 계약금으로 자동차를 구입했으니 이제 와서 도망갈 수도 없고, 도망가는 길도 몰랐다. 하루하루 달력에 ×표를 하면서 귀국하는 날만 기다렸다. 노처녀 프라이드를 지켜줄 나의 빨간 '프라이드'만을 생각하면서 견딜 수밖에 없었다.

## 사할린의 한인과의 만남

한 달 예정으로 떠났지만, 발전차의 화재 등 잇따른 사건이 발생하면서, 결국 촬영은 두 달 가까이 연기되었다. 우리의 숙소는 시내 중심가의 건물이었지만, 눈에 보이는 것은 하늘과 땅뿐이었다. 8~9월인데도 밤에는 추워서 웅크리고 잠을 청했다. 그래도 촬영장을 따라다니며 도움을 주는 교민들과의 만남은 작은 기쁨이었다. 시나리오 활자 속에서 처음 알게 된 '사할린'의 이야기가 이제는 내 가슴 속에서 살아 움직이기 시작했다.

〈명자 아끼꼬 쏘냐〉의 이야기는 1940년대부터 시작된다. 암울한 시대 징병에 끌려 나간 남편을 찾아 일본으로 소련으로 장소를 옮기면서, 세 개의 이름을 얻게 되는 한 여인의 일대기를 통해서 사할린에 억류된 동포의 애환을 그린다. 제2차 세계대전 당시 일본의 강제징용으로 사할린까지 오게 되고, 해방 후에는 사할린 땅에 버려진 이방인으로 살아야 했던 사람들이 바로 '사할린의 한인들'이다. 이들은 조국으로부터 잊힌 채 짝사랑만 해온 사람들이다. 그 한(恨) 많은 시간과 사연의 억울함을 나는 가슴으로 느끼기 시작했다.

이때부터 그들은 한국 정부를 상대로 목소리를 내기 시작했다. 아니 그들은 반세기 훨씬 전부터 조국을 향해서 손짓했지만, 일본과 북한과 구소련의 참으로 복잡한 관계 속에서 우리는 보지도 듣지도 못하고 있었다. 보려고도 들으려고도 하지 않았는지 모른다.

# 사할린과의 만남,
# 돌아오지 못했던 사람들

## 동토의 땅 사할린

일본 열도의 최북단 홋카이도에서 더 북쪽으로 가면 가늘고 길게 드러누운 동토의 섬 사할린이 있다. 러시아의 연해주 동쪽 끝에 해당한다. 이 섬에는 100여 개의 민족이 거주하는데, 러시아인 다음으로 한인이 많다. '사할린'이라는 이름은 '검은 강으로 들어가는 바위'라는 몽골어에서 유래되었다. 그러니 멀고 먼 사할린 땅에 한인의 조상이 머물기까지 험하디험한 역사가 있었을 것이라는 사실을 가히 짐작할 수 있다.

석유와 석탄 등 천연자원이 풍부한 사할린을 둘러싸고 눈독을 늘이던 일본과 러시아는 1855년 화친조약을 맺고 사할린을 공동 관리

구역으로 정했으나, 1875년 러·일 국경을 확정 짓기 위한 상트페테르부르크조약(가라후토·지시마 교환조약)으로 러시아가 사할린을 차지했다. 그러나 러일전쟁에서 승리한 일본은 1905년 포츠머스조약으로 북위 50도 이남의 사할린(남사할린)을 할양받아 전쟁이 끝날 때까지 식민 통치를 했다.

일본이 사할린을 본격적으로 개발하면서 노동력이 필요해지자, 열악한 노동조건 때문에 기피하는 일본인 대신 한인을 적극적으로 투입하기 시작했다. 군국주의의 길을 걷던 일본은 1938년 4월 1일 '국가총동원법'을 공포하고, 필요에 따라 인적·물적 자원을 동원할 수 있는 법도 갖추었다. 이에 경상도를 중심으로 한반도 남쪽에 살던 한국인들을 대거 끌고 갔다. 이 시기에 강제 동원된 한인은 사할린의 30여 개 탄광과 벌목장, 건설 현장 등에서 강제 노동에 시달렸다. 그 숫자는 당초 15만 명에 이르렀으나 이 중 10만 명은 다시 일본으로 전환 배치되었고, 해방 당시에는 약 5만 명에 가까운 한인이 사할린에 남은 것으로 파악된다.

### 돌아올 수 없었던 한인

전쟁은 끝났다. 그러나 또 다른 비극이 기다리고 있었다. 5만 명의 한인은 전쟁이 끝났음에도 귀국선을 타지 못하고 얼어붙은 땅 사할린에 버려졌다. 일본이 철수하면서 일본 사람이 아니라는 이유로 한인을 내팽개쳤기 때문이다. 일본의 패전으로 사할린은 이제

구소련의 땅이 되었고, 1946년 12월 '소련 점령 지구 송환에 관한 미소협정'으로 일본인의 귀환이 시작되었다. 그러나 이 협정에서 규정한 귀환 대상자는 일본 호적을 가진 '일본인'만이었다. 일제는 대한제국을 합병하면서 한인을 모두 일본 국적자로 처리했지만, 호적만은 달리 구분하고 있었던 터라 한인은 제외되었다.

이후 1956년 일본과 구소련이 국교를 수립하면서 '공동선언'을 발표하고, 일본인들의 귀환은 계속되었다. 잔류 일본인만이 아니라 유골까지 송환되었다. 이 중에는 일본인과 결혼한 한인도 몇몇 포함되었지만, 원천적으로 한인은 제외되었다. 1952년 4월 28일 샌프란시스코조약을 통해서 일본은 사할린에 대한 권리를 포기했고, 또한 조선의 독립을 승인했기 때문이란다. 조선의 독립을 인정한다는 것은 사할린 한인들로부터 일본 국적을 박탈한다는 것이고, 한인의 귀환은 이제 더는 희망할 수 없는 일이 되었다.

가슴이 먹먹해지는 이야기는 이것만이 아니다. 사할린으로 강제 동원될 당시 '일본 국적자'였던 그들은 일본의 패전과 더불어 구소련 '국적법'에 따라 '무국적자'로 처리되었다. 일본은 그들을 버렸고, 조국은 그들을 잊었다. 동토의 땅 사할린에서 철저하게 외톨이가 되었다.

사할린 개발을 위해 노동력이 절실했던 구소련이 한인의 귀환을 꺼려 했던 것은 당연지사였으므로, 소련 국적 취득을 유도했다. 무국적자의 경우 여행이 금지되었으며 법적 보호를 전혀 받지 못한다고 주지시켰다. 북한 역시 선전 요원까지 파견해서 국적 취득을 적극적으로 종용했다. 구소련은 북한과만 국교를 맺고 있었기 때문에 선택의 여지가 없었다. 분단되기 전 조국을 떠난 사람들에게는 남이나 북이나 같은 조국이었다. 행여 고향으로 돌아갈 길이 조금이라도 빨리 열릴 것을 기대할 뿐이었다. 이와 같은 소련과 북한의 국적 취득 유도 정책으로 1973년 사할린의 한인들은 35%가 소련 국적을, 50%가 북한 국적을, 15%가 무국적을 선택했다.

국적 취득 유도 정책에도 고향으로 돌아가고자 하는 한인들의 열망은 끊이지 않았다. 하지만 슬프게도 이 열망은 끝내 이루어지지 않았다. 1977년에는 한국으로의 영주귀국을 요청한 사람들을 북한으로 강제 추방하는 일까지 있었다. 냉전 시대, 그들의 귀향길은 보이지 않았다.


### 고향을 찾아서


드디어 1988년 서울 올림픽을 계기로 한국과 구소련 사이에 해빙 분위기가 조성되었고, 그다음 해 사할린 한인들에게 고향 방문이 허락되었다. 귀향길이 막힌 지 44년 만의 일이다. 나아가 서울 올림픽은 한국이 굶주리고 망해가는 나라가 아니라는 사실을 그들에게 알렸고, 한국에 관한 소련 정부의 책자들이 모두 거짓이었음이 밝혀졌다.

그런데 이 또한 무슨 일인가. 북조선 국적을 가진 이들에게는 고향 방문이 허락되지 않았다. 한국의 친척을 만나기 위해서는 소련 국적이나 무국적자여야만 했다. 고향을 향하여 조금이라도 가까이 다가가려고 손을 뻗은 이들이 사실은 고향으로부터 더 멀어져 있었다는 슬픈 사실이다. 북조선 국적을 가진 이들이 소련 국적이나 무국적자로 국적을 바꾸어서 고향을 방문할 수 있게 된 것은 구소련이 붕괴하면서부터다. 이렇게 되기까지의 시간이 그들에게 얼마나 잔인한 시간이었는지 생각해보기 바란다.

1989년 처음으로 63명의 한인이 고향 땅을 밟았다. 한인들의 영주귀국은 1992년 처음으로 이루어졌다. 이런 역사적 순간의 일들이 마치 나의 일처럼 벅차게 다가오는 것은 〈명자 아끼꼬 쏘냐〉 촬영 당시 그들과의 만남 때문이다.

2012년 11월 23일 사할린 징용 피해자들은 "강제노동 임금을 아직도 받지 못했다. 한국 정부가 이에 대해 일본과 적극적으로 교섭하지 않는 것은 위헌이다"라고 주장하면서 외교통상부를 상대로 헌법 소원을 제기했다. 청구인은 2012년 국내에 거주한 사할린 영주귀국자 2500여 명이다. 그들은 제2차 세계대전 당시 사할린으로 끌려가 탄광 등에서 강제 노동을 했으나 그 임금을 우편저금 등의 명목으로 뺏긴 채 돌려받지 못한 사람들이다.

신문 한구석에서 "사할린 징용자들이 정부를 상대로 헌법소원"을 제기했다는 길지 않은 글을 보았다. 이 일들이 어떻게 진행되고 있는지 궁금할 따름이다.

# 자전거 타고 생활하기

　우리 집에서 지하철역까지는 버스로 세 정류장이다. 걸어서 가기는 멀고 버스를 타기는 사치스러운 거리다. 그런데 반가운 소식 하나, 며칠 전부터 아파트 입구에 뚝딱뚝딱 공공 자전거 대여소가 설치되었다. 서울시가 2015년부터 시작한 무인 공공 자전거 대여 서비스 '따릉이'가 우리 집 앞까지 찾아온 것이다. 집 앞에서 자전거를 빌려 타고 지하철역 부근에 설치된 따릉이 대여소에 반납할 수 있는 시스템이다. 역 부근만이 아니라 한강이나 여의도도 자전거를 타고 가서 설치된 대여소에 반납하면 된다. 60분에 1000원이란다.

## 자전거 등하교

중·고등학교를 일본에서 다닌 나에게, 자전거는 친구이자 보물 1호였다. 집에서 학교까지 대나무밭을 지나야 하는데 나는 그 긴 길을 자전거로 등·하교했다. 온 동네를 한 바퀴 돌아서 가는 버스보다 10분 정도 더 빨리 갈 수 있으니 아침잠을 벌 수 있었고, 무엇보다 버스비를 아낄 수 있다는 것이 가장 큰 이유였다. 지금도 그렇지만, 일본은 교통비가 참 비싸다. 환승 할인 같은 것은 아예 없고, 지하철이라도 회사가 다르면 따로 지불해야 한다.

일본으로 유학 간 딸아이는, 매운 떡볶이가 먹고 싶어도 신주쿠의 한인 타운까지 나가지 않는 이유가 무서운 교통비 때문이라고 했다. 비싼 교통비는 이렇게 사람을 좁은 공간에 가두고 발을 묶지만, 한편으로는 지역사회 안에서의 소비를 촉진하는 측면이 있다는 점도 무시할 수 없다. 여하튼 이건 사족이고, 예나 지금이나 교통비는 큰 부담이다. 그러니 아르바이트생에게도 교통비가 따로 지불되는 것은 이 나라의 상식이다.

40분 정도 자전거를 타고 등교하면 다리가 후들거렸다. 여름에는 땀범벅이 되고, 겨울에는 치마 속 허벅지가 얼어서 감각이 없을 정도였다. 그래도 자전거를 고집했던 것은 내가 가난한 집 딸이라서가 아니다. 학교의 대부분 학생들이 이렇게 등하교를 했기 때문에 특별한 일이 아니었다.

이렇게 씩씩하게 학교를 마친 친구들은 사회에 나가서도, 엄마가 되어서도 자전거를 놓지 않는다. 일본을 여행하다 보면 앞에 하나 뒤에 하나 아이를 태우고 장 보러 나오는 새댁들의 모습을 심심치 않게 볼 수 있다. 이 정도는 애교다. 딸을 셋 둔 내 친구는 앞뒤 하나씩 태우고 막내는 아기 띠로 업는다. 여기에 비가 오면 우산까지 드니 서커스를 방불케 한다.

나도 자전거에 두 아이를 태우고 다녔다. 어린이집까지 데려주는 길이 멀지는 않았지만, 세 살, 다섯 살 두 놈을 데리고 걸어가는 길은 십 리 길이었다. 그렇다고 차에 태워서 가자니 어린이집 앞에 주차 공간이 없어서, 내려서 손을 흔들어주는 일조차 불가했다. 그래서 일본에서 직수입한, 자전거 값보다 비싼 어린이 시트를 자전거 앞뒤에 달고 다녔다. 주변에서는 참으로 별난 여자라고 쑥덕거리기도 했지만, 어린이집 친구들은 자전거로 등원하는 우리 아이들을 부러워했다. 우리 아이들도 좋아했다. 지나는 사람들 모두 한 번씩은 쳐다봤다. 넘어지면 어쩌나 염려하는 이도 있었고, 재밌다고 손뼉 치는 할아버지도 있었다.

## 주륜 금지

우리에게 주차난이 있다면, 일본에는 '주륜난'이 있다. 이른바 자전거를 세워둘 곳 때문에 어려움을 겪는다는 말이다. 길거리에서 '주차금지'라는 글은 찾아보기 어렵지만, "주륜 금지"라는 글은 여기저기에 붙어 있다. 역 주변에 대강 세워둔 자전거는 십중팔구 단속에 걸려 끌려간다. 관공서에서 마련한 불법 주륜 자전거 보관소를 찾아가서 내 자전거를 찾아오는 일은 참으로 번거로운 일이라서 주륜할 곳이 마땅치 않으면 처음부터 자전거를 가지고 가지 않는다고 하니, 이게 자전거인지 자동차인지 헷갈린다. 최근에는 역 앞을 중심으로 대규모 주륜장이 설치되었다. 시스템은 주차장이랑 같다. 하루에 100~200엔 정도의 주륜비가 필요하다.

대형 주차장이 아니라 대형 주륜장이 있다는 사실도 웃기지만, 건물 안에 마련된 주륜장의 형태도 재미나다. 공간이 부족하다고, 기계식은 아니지만 2층으로 설치된 것도 있어서 자전거를 어떻게 위로 올리나 한참 쳐다본 적도 있다. 딸아이가 다니는 대학의 정문 앞에도 커다란 주륜장이 있는데 거짓말 조금 보태면 올림픽 경기장만 한 크기다. 자전거를 학교 안 건물까지 가져가지 못하게 하고 모두 정문 앞 정해진 장소에 세워야 하는 모양인데, 세운 자리를 기억하지 못하면 내 자전거가 어디 있는지 찾지도 못할 정도다.


## 중국산 자전거


딸아이가 도쿄에서 유학을 시작하면서 조그만 자취방에 냉장고에서 쓰레기통까지 필요한 모든 것을 들여놓았다. 그리고 자전거를 샀다. 일본에서 생활하려면 자전거는 냉장고만큼이나 필수품이기 때문이다. 먼저 동네 자전거방을 찾았다. "자전거는 관리가 중요하고, 역시 안전이 보장되는 좋은 것을 타야 합니다"라면서 "메이드인 저팬"의 물건을 내놓는데, 최하가 5만 엔이었다. "우리처럼 자전거를 아는 사람은 국산(일제)만 취급한다"는 말까지 했다. 그래도 이것저것 고민하다 4년 안에 대학을 졸업할 것이라는 확신을 가지고, 4년만 멀쩡하게 달릴 수 있으면 되는, 고로 그렇게까지 비싸고 튼튼할 필요가 없다는 결론을 내렸다. 그러고는 대형 할인마트에서 2만 엔이 안 되는 자전거를 구입했다. 중국산이었다. 구입하자 마치 자동차 등록을 하는 것처럼 자전거 등록을 했다. 고유 번호가 붙고, 이 물건이 '내 것'이라는 신고를 하면서 보험도 가입했다. 의무였다.

나이 팔십의 우리 엄마도 손녀딸의 새 자전거를 보니 탐이 나는 모양이었다. "엄마도 하나 개비합시다"라는 말에 "아이다, 아이다" 하면서도 얼른 일어난다. 10년 전에 중고로 산 자전거가 삐거덕거리면서 새것을 하나 갖고 싶다는 마음이 있었던 것이다. "나는 일제 중고가 좋더라"면서 앞장선다. 분명 미리 봐둔 게 있었다. 그런데 중고라는 게 입맛에 맞게 항상 있는 것이 아니다. 오늘따라 하나도 없었다. 뉘 집 딸은 엄마 자가용도 사주는데 일제 자전거 정도는 나도 사줄 수 있다고 큰소리치면서 고르라 했지만, 엄마는 결국 "내가 살면 얼마나 더 살고, 타면 얼마나 더 타겠냐"면서 역시 2만 엔이 안 되는 중국산 자전거를 골랐다.

마침 '어르신용'으로 제작된 것이 있었다. 26인치로 바퀴도 작고 안정감을 주는 모형인데, 엄마의 요청에 따라 뒷자리에 커다란 바구니를 달았다. 바구니는 중국제가 없고 일제만 있어서 상당히 비쌌다. 이제는 사위가 오고 며느리가 온다고 해도 장 보러 가는 일이 두

렵지 않게 되었다고 좋아한다. 20년 전쯤인가, 엄마가 모터 달린 자전거를 갖고 싶어 했는데, 그때는 왜 모르는 척했는지 후회된다. 팔십 노인에게 모터 달린 자전거는 안 될 말이니, 이것으로 만족했다.

오늘은 자전거 타고 한강변 한번 돌아볼까 하면서 집 앞 자전거 대여소로 갔다. 그런데 이용 방법이 엔간히 어려운 게 아니다. 앱을 깔아야 하고, 그게 아니면 인터넷으로 로그인을 하고 이용권을 구매해야 한다는 등 설명이 거창하다. 그야말로 대표적인 아날로그 교통수단에 최첨단 접근법이다. 몇 번 시도하다가 아이고 모르겠다, 나중에 애들한테 물어보고 타야겠다면서 그냥 집으로 들어왔다. 만약 일본에서 이런 시스템을 만들었다면 분명 동전을 넣고 탈 수 있게 했을 것이다. 하기야 우리나라는 'IT 강국'이 아닌가.

# 고 3 엄마 보고서

　지금 세상 사람을 두 부류로 나누라면, 나는 '고 3 엄마'와 '고 3 엄마가 아닌 사람'으로 나누겠다. 수능이 한 달도 채 남지 않았다. 3년을, 6년을, 아니 12년을 준비한 날이 아닌가. 나는 2년 전에도 고 3 엄마였다. 그러니 고 3 엄마를 한 번 경험한 고 3 엄마다. 고로 아는 것도 참 많을 것 같은데, 작은애는 큰애와 달리 미술을 공부하겠다고 하니 2년 전의 경험은 도움이 되지 않는다. 그래도 그때를 기억하면서 지금의 시간을 이야기하고자 한다.

## 큰아이 입시

　큰아이는 목표하는 학교가 있었다. 그런데 그해 유독 쉬웠던 국어에서 실수를 했다. 방송에서는 수능이 끝나기 무섭게 몇 점이라야 1등급이니 2등급이니 하는 말들을 쏟아냈고, 들리는 말에 의하면 그것은 거의 정확하다고 했다. 오래 시간 노력한 꿈은 수능을 치른 바로 그날 좌절되었다.

축 처진 어깨를 바라보는 엄마의 마음을 무슨 말로 표현할 수 있겠는가. 이불 속에서 일어나지 못하는 아이와 암흑과 같은 하루를 보냈다. 그다음 날 나는 일찍이 준비해두었던 카드를 꺼냈다. 이날 서울 한복판에 위치한 호텔의 36층에서 일본 Y 대학의 입시설명회가 있다는 사실을 알고 있었다. 수험생 엄마로서 조심스럽게 알아둔 것이었다.

엄마의 말에 아무 생각 없이 따라 나온 아들이었지만, 바깥바람을 쐬면서 얼굴색이 조금씩 변했다. 입시설명회야 어디나 그렇듯이 참 좋은 말만 한다. 좋은 학교이고, 졸업 후 전망도 밝다는 말에 희망을 품는다. 중요한 사실은 세상에는 많은 학교가 있고, 나의 희망을 담을 수 있는 여러 모양의 미래가 있다는 사실을 확인할 수 있었다는 것이다.

휴식 시간, 아들은 36층의 창을 통해서 서울을 내려다보면서 "서울이 이렇게 생겼구나"라고 말했다. 서울에서 태어나 서울에서 자란 놈이 서울을 처음 본 사람같이 말한다. 하나만 바라보고 달려온 놈이 비로소 얼굴을 들고 세상을 본 것이다. 결국 Y 대학을 가지는 않았지만 이날 아들이 만난 것은 미래를 향한 큼직한 눈이었다고 확신한다.

## 둘째 아이 입시

　둘째가 수능을 준비하는 이 시간에, 나는 아이의 진로를 생각하면서 다양한 기관을 찾았다. 대학뿐만 아니라 전문학교도 있고 기술학교도 있었다. 뭘 시켜도 중간은 가는 큰놈과 달리 둘째 딸아이는 잘하는 것이 없었다. 수영도 피아노도 다 중간에 포기했다. 그런데 크레용만 잡으면 엄청난 집중력을 발휘했다. 선택의 여지가 없었다. 이것만 잘하니 이것을 할 수밖에 없었다. 그래서 일찍 전공을 정했다. 초등학교 6학년 그 어린 나이에 예술학교 입시 준비를 했으며, 이후 6년이나 예술학교에 다녔다. 그러니 굳이 대학을 진학하지 않고 일을 시작하는 것도 괜찮겠다고 생각했다.

　딸아이가 그린 그림을 담은 연하장을 받은 일본 친구들은 하나같이 "이렇게 그림을 잘 그리는 아이를 대학에 보내 뭘 더 가르치려고 하냐"고 했다. 칭찬인 거 같은데 전혀 기쁘지도 않고 도움이 되지도 않았다. 한국과 일본은 대학에 대한 생각이 달라도 많이 다르기 때문이다.

　얼마 전 일본 미술대학 설명회가 있어서 아이의 그림을 들고 찾아갔다. "우리 아이는 지금 수능을 준비하고 있지만, 아이가 보지 못하는 곳에도 다양한 길이 있다는 사실을 알려주고 싶어서 찾아왔다"라고 말했다. 내신이 몇 등급이고 수능 모의고사 성적이 몇 등급이고 이런 건 이야기하지 않았다. 일본 대학의 입학사정관은 "아이가 무엇을 하고 싶어 하냐"고 물었다. 입시에 맞춰 준비하고 있는 것은 서양화인데, 사실 그것을 진정 하고 싶어 하는 것인지 확신이 없었다. 이런 내 마음을 읽었는지 사정관은 "아이들은 엄마한테 속마음을 잘 말하지 않지요"라고 내 대답을 대신했다.

우리나라 미술대학교 입학 컨설턴트와는 다를 것이라고 짐작하고 오기는 했지만, 정말 많이 달랐다. 아이의 그림을 보이고 학업 성적과 수능 모의고사 등급을 말하면, 도표를 꺼내서 갈 수 있는 대학을 나열하고, 그 대학이 요구하는 화풍을 준비해야 한다고 일러주는 컨설팅과는 달랐다.

결국 둘째도 1지망 대학에서는 학업성적이 부족해서, 2지망 대학에서는 실기 성적이 부족해서 떨어졌다. 재수를 결정하고, 나는 조심스럽게 일본 미술대학 진학을 권했다. 두 눈이 퉁퉁 부어서 "6년을 준비하고도 떨어졌는데, 어떻게 1년 준비하고 일본 대학을 갈 수 어"라는 딸의 말에, 나 역시 불안했지만 엄마가 옆에 있으니 가능한 일이라며 허풍을 떨었다. 허풍은 현실이 되었고, 딸아이는 지금 일본 3대 미대 중 하나인 무사시노(武蔵野) 미술대학에 다니고 있다. 이번 학기에는 성적 장학금도 받고 씩씩하게 자신의 미래를 향해 걷고 있다.

지금도 나는 아이에게 보여줄 수 있는 다양한 길을 찾고 있다. 세상은 넓고, 네가 할 수 있는 무궁무진한 일을 찾아야 한다는 사실을 말하고 싶다. 인생을 길게 볼 수 있는 눈을 아이만이 아니라 나도 갖고 싶기 때문이다.

# 해서는 안 되는 일

내가 다니는 스포츠센터 사우나에는 습식 사우나와 건식 사우나가 있다. 나는 유독 습식 사우나를 좋아한다. 거기서는 소금 마사지를 할 수 있기 때문이다. 소금을 한 움큼 쥐고 들어가 온몸을 쓱쓱 문지른다. 옆에서 보고 있다가 내 등을 시원하게 문질러 주는 이도 있다. 나도 그의 등을 소금으로 문지른다. 물론 전혀 모르는 사람들이다. 그런데 어느 날 갑자기 "사우나 안에서 소금 마사지를 금합니다"라는 글이 붙었다. 뭐 때문일까. 습식 사우나 안에는 샤워기도 배수구도 있으니 전혀 문제가 될 것이 없다고 생각하는데. 아마도 건식 사우나에서 소금 사용을 금하기 때문이 아닐까. 혼자 추측을 하고 아무 거리낌 없이 오늘도 소금을 한 숨 쥐고 사우나 안으로 들어갔다.

세상에는 해서는 안 되는 일들이 많이 있다. 누가 생각해도 해서는 안 되는 일들도 있지만, 왜 안 된다고 하는 것인지 이해가 안 되는 규칙들도 있다. 그래도 지켜야 할 일들이다. 그러나 그게 너무 많다 보면 꼭 지켜야 할 일인가 조금은 무시해도 될 일인가 멋대로 생각하게 된다.

동부간선도로를 달리다 보면 간판이나 도로 바닥에서 '80'이라는 숫자를 볼 수 있다. 시속 80km가 제한속도라는 말이다. 더 이상의 속도를 내면 감시 카메라에 찍혀서 벌금을 물 수도 있다는 생각을 하면서 잘 달리고 있는데, 눈앞에 갑자기 '70'이라는 숫자가 커다랗게 들어온다. 순간 내가 착각을 했나보다는 생각을 하고 급브레이크를 밟으면서 다시 보니 "안전운행 70"이라고 적혀 있다. 즉, 제한속도는 80km인데 더 안전하게 70km로 달리는 것을 권장한다는 뭐 그런 뜻인 것 같다. 순간 화가 났다. '친절도 하시지 어련히 알아서 할까 봐.' 입을 뾰족 내밀고 혼잣말을 하면서 다시 속도를 올린다.

### 뉴욕에서

뉴욕에서 한 달가량 시간을 보낸 적이 있다. 아이들이 서머스쿨을 마치고 돌아오면 간단한 간식을 준비해 지하철을 타고 맨해튼으로 놀러가는 것이 나의 일과였다. 커다란 지도를 꺼내고 블록을 정해서 하루는 이스트 빌리지, 하루는 그리니치 빌리지, 하루는 센트럴파크 주변의 박물관, 성당, 시장을 돌아다녔다.

그날은 어퍼미드타운에 있는 세인트 패트릭 성당을 찾았다. 세인트 패트릭 성당은 미국 역사상 가장 큰 가톨릭성당으로 1878년에 완공된 아름다운 건물이다. 평일 오후라 성당 안은 조용하기만 했다. 맨해튼을 내려다보기 위해서 우리는 엘리베이터를 타고 높은 곳으로 올라갔다. 몇 층이 최고층이었는지 기억은 나지 않지만 여하튼 가장 높은 곳으로 올라갔다. 다락방이었다. 사방으로 열린 창을 통해서 맨해튼을 바라보았다. 마침 저녁놀이 아름답게 물들어 있었다.

다락방에는 그랜드피아노가 있었고, 뚜껑이 열려 있었다. 우리 아이가 피아노를 치기 시작했다. 「엘리제를 위하여」 그다음은 신나게 영화 〈스팅〉의 주제곡 「엔터테이너」. 그 어떤 연주회보다 좋은 순간이었지만 내 마음은 불안했다. 분명 누군가 와서 우리를 내칠 것 같았다. 그래도 그때까지만이라도 이 순간을 즐기자는 마음으로 아무 말 않고 듣고 있었다. 아니나 다를까 청소부 차림의 흑인 아저씨가 다가왔다. 아이는 눈치 채지 못하고 계속 연주했고, 나는 미안하다는 표정을 지었다. 그랬더니 그 아저씨는 엄지손가락을 세워 보이면서 "굿"이라는 말을 남기고 떠났다.

잘은 모르지만 '이게 아메리카다!'라는 생각이 들었다. 오래간만에 피아노에 앞에 앉은 아이는 한참 즐기다 이제는 가자고 일어났다. 나는 주변의 의자들을 깔끔하게 정리했다. 물티슈로 피아노의 먼지를 닦았다. 손수건까지 꺼내서 마지막 먼지를 훔쳤다. 나는 감사의 마음을 그렇게 표했다.

## 일본에서

한국으로 돌아오는 김에 우리는 비행기를 갈아타기 위해 일본에서 하루를 보내야 했다. 항공사에서 마련한 나리타공항 부근의 호텔로 안내되었다. 더운 날이라 아이들이 수영장으로 가자고 했다. 가벼운 마음으로 수영복을 챙기고 호텔수영장을 찾았다. 그런데 뭐그리 요구하는 게 많은지. 모자가 없으면 입장이 안 되고, 호텔 수건을 가지고 들어가면 안 되고, 초등학생은 반드시 부모가 같이 있어야 하고 등등. 이야기를 듣다가 그냥 포기하고 나왔다. 생글생글 웃으면서 안 된다고만 말하는 예쁜 호텔리어가 너무 얄미웠다.

일본은 지켜야 할 규칙이 너무 많다. 잔디밭에 들어가도 안 되고, 복도에서 뛰어도 안 되고, 큰 소리로 떠들어도 안 된다. 안 되고, 안되고, 안 된다고만 하니 정말 해서는 안 되는 것이 무엇인지 판단이되지 않는 경우도 있다. 안 되고, 안 되고, 안 된다면서 지키는 그들의 질서는 나무만 보고 숲은 보지 못하는 그런 사람을 만들고 있는지도 모른다.

# 달나라의 토끼

　1년 만에 만난 마사코의 딸아이는 나를 보자마자 "아줌마, 우사기짱이 달나라에 갔어요"라면서 울음을 터트렸다. 애지중지하던 반려토끼가 죽었다는 말이다. 벌써 한 달 전의 일인데 사람만 보면 이렇게 말하고 울음을 터뜨린다. 여하튼 '달나라'라는 단어에 작은 웃음이 나왔다. "토끼 같은 우리 아가"라면서 번쩍 안았다. "그래 우사기짱은 저 달나라에 가서 방아를 찧고 있을 거야." 이 말을 하는 순간 나도 일곱 살 어린아이와 함께 토끼가 사는 달나라의 세계로 날아가는 것 같았다. 토끼 하면 달나라가 연상되는데, 이건 우리나라도 일본도 마찬가지다. "토끼야, 토끼야 어딜 보고 뛰느냐. 한가윗날 보름달을 보고 뛰지" 일본의 동요가 입에서 맴돈다.
　12세기 전반에 불교 설화와 세속 설화를 집대성한 『곤자쿠 이야기집(今昔物語集)』은 인도, 중국, 일본 세 편으로 나뉘어 약 1100여 가지의 이야기를 담고 있다. 여기에 다음과 같은 이야기가 있다. 옛날 인도에 토끼와 원숭이와 여우가 살았는데, 어느 날 그들 앞에 배가 고파서 쓰러질 것 같은 노인이 나타났다. 원숭이는 나무 열매를, 여우는 물고기를 잡아서 노인에게 가져왔다. 그런데 아무것도 구하지 못한 토끼는 "나는 드릴 것이 없으니 이 몸이라도 드십시오"라면서 모닥불 속으로 뛰어들었다. 사실 이 노인은 제석천이었다. 토끼의 자비심에 감동한 나머지 이 이야기를 널리 알리기 위해서, 토끼를 달나라로 올려 보냈다는 것이다. 그래서 지금도 달에는 토끼가 살고 있단다.

이 이야기는 『곤자쿠 이야기』만이 아니라 불교 경전에도 실려 있다. 『대당서역기(大唐西域記)』에는 "소신공양은 석가여래가 수행할 때 몸을 태운 것이다"라는 구절이 있고, 『경률이상(經律異相)』에는 "부처가 이르기를, 그때의 토끼가 바로 나다"라는 구절이 더해져 있다. 그렇다면 달 속의 토끼는 석가여래가 해탈하기 전의 이야기, 이른바 부처의 전생담이라고도 할 수 있다. 이렇게 불교 전파를 통해서 인도, 중국, 일본 그리고 우리나라는 달 속에 토끼가 있다는 공통의 생각을 가지게 되었다.

## 삼족오와 토끼

몬무 천황(文武天皇)이 701년 정월 하례 인사를 받을 때 정문의 왼쪽에는 태양을 상징하는 삼족오의 그림을, 오른쪽에는 달을 상징하는 토끼의 그림을 달았다는 기록이 『속일본기(續日本記)』에 있다. 732년 쇼무 천황(聖武天皇)이 하례 인사를 받을 때 처음으로 '곤면'이라는 빨간색 정복을 입었는데, 곤면의 왼쪽 어깨에는 검은 새가 그려진 금색 원, 오른쪽 어깨에는 토끼와 두꺼비 그림이 담긴 은색 원을 수놓았다. 10세기 초에 완성한 법령집 『연희식(延喜式)』에는 "삼족오는 해의 상징이고, 토끼는 달의 상징이다"라는 기록이 있다. 조선 시대 궁궐의 어좌 뒤에 설치하는 〈일월도〉처럼, 해와 달은 임금을 상징하고, 동시에 임금을 보호하는 역할을 했다. 그러니 삼족오와 토끼는 해와 달을 대신한 것이 분명하다.

아베노 세이메이(安倍晴明, 921~1005)는 음양도와 천문학을 배워 점술 의식을 행한 헤이안 시대 최고의 음양사다. 그는 점술을 전문적으로 다룬 『금오옥토집(金烏玉兎集)』을 편찬했는데, 이것은 일월의 운행을 가지고 점을 치는 음양사들 사이에서 비밀리에 전해 내려오는 비전서(祕傳書)다. 이 책에 따르면, 금조는 태양에 사는 금빛 까마귀, 바로 '삼족오'다. 태양의 화신이며 태양을 상징하는 영험한 새다. 그리고 옥토는 달에 사는 옥토끼로 달을 상징한다. 여하튼 삼족오는 태양을, 토끼는 달을 상징하는 것임을 재확인할 수 있다.

## 파도 위의 토끼

나는 마사코의 딸에게 달나라의 토끼 그림이 있는 뭔가를 선물하고 싶었다. 그래서 이것저것 찾아보는데, 달이 아니라 파도와 짝을 지은 토끼가 여럿 있어서 여기에는 또 무슨 이야기가 얽혀 있는지 궁금했다. 그래서 찾았더니, 일본의 가면극 노이 요코쿠(謠曲) 『지쿠부시마(竹生島)』에 토끼가 등장하는 소절이 있었다. 요코쿠는 전해 오는 전설이나 설화를 가지고 무대에 올리는 노의 사장(詞章), 이른바 연극으로 말하면 각본에 해당한다. 여기에 다이고 천황(醍醐天皇, 897~930 재위)의 신하가 지쿠부시마 섬에 모신 변재천을 참배 가는 길에서 배를 얻어 타고 봄날의 잔잔한 호수의 아름다운 경치를 읊은 시가 있다.

섬에 우거진 초록 나무의 그림자가 호숫가에 비치니 마치 물고기가 나무를 오르고 있는 것 같다. 달도 호수 위에 비치니, 달에 사는 토끼가 파도 위를 뛰어다니는 것 같다. 정말 멋진 섬 풍경이다.

토끼와 파도를 짝지어서 그린 그림은 아마도 변재천을 만나러 가는 『지쿠부시마』 이야기에서 유래된 것 같다. 여하튼 이것도 달에 토끼가 산다는 생각에서 나온 발상이다. 토끼가 파도 위를 뛰어다닌다고 한 것은 물 위의 달을 보고 달 속의 토끼를 연상했기 때문이다. 역시 '토끼'라고 하면 '달'이다. 술을 마신 뒤 흥에 겨워 물 위에 뜬 달을 건지려다 죽었다는 이태백은 아니지만, 이 시를 쓴 사람 역시 봄날의 아름다움에 취해서 자신이 보는 것이 물인지 땅인지 하늘인지, 혼미한 상태에서 이런 시를 읊었을 것이다.

닐 암스트롱이 달에 첫발을 내디딘 것은 1969년 7월의 일이다. 그런데도 달에는 토끼가 산다고 운운하면서 "푸른 하늘 은하수 하얀 쪽배에 계수나무 한 나무 토끼 한 마리" 노래하는 것은 우리나라만의 정서가 아니다. 일본 하늘에 떠 있는 저 달에도 토끼가 살고 있다.

# 무사시노의 중고 가게

큰일이다! 샹젤리제 거리를 걷는데도 가슴이 떨리지 않는다. 가로수 뒤로 알록달록 마카롱 전문집이 있고, 벤츠 갤러리니 루이뷔통 본점이니 가이드북에 별표를 한 곳들 앞에서도 별 감동이 없다. '어느새 가슴이 아니라 다리가 떨리는 나이가 되었단 말인가' 이런 생각에 잠시 우울해졌는데, 하기야 우리나라에 더 좋은 것들이 차고 넘치니 다리는 물론이고 지갑을 든 손도, 가슴도 떨리지 않는 것이라고 나 자신에게 말하고 "오~ 샹젤리제"를 소리 내어 불러본다.

찾았다! 가슴이 떨리고 지갑을 든 손이 떨린다. 토요일 아침 파리 남쪽 방브에서 열리는 벼룩시장에 들어서는 순간 어디서부터 훑어야 할지 마음이 급해졌다. 인형, 촛대, 커피 잔, 그리고 도저히 들고 갈 수는 없지만 욕심이 나는 고가구까지. 학교 담을 따라 500m는 족히 되는 상당히 긴 길이 이어졌지만 다리가 아프지 않다. 찌그러진 촛대 하나, 브로치 두 개에 흥분했다.

이후 나의 여행은 벼룩시장을 찾는 것으로 재미를 더했다. 카리브해의 칸쿤을 여행하면서도 벼룩시장을 고집했더니, 호텔존에서 벗어나 현지인들의 주말 시장을 안내받았다. 팔이 하나 떨어진 봉제 인형, 나달나달한 헌책, 조금 심하게 말해서 커다란 쓰레기장 같은 곳이었지만 그래도 좋았다.

## 가슴이 떨리는 가게

딸아이가 도쿄 소재의 미술대학에서 공부하게 되었다. 학교 앞에 원룸을 얻고 이 방을 채울 물건들을 사러 가야 하는데, 부동산 주인이 중고 가게를 소개해주었다. 딱히 가게까지 가는 버스 노선이 없어서 한 시간 이상을 걸었다. 찾다가 찾다가 그냥 백화점에나 갈 것을, 아끼면 얼마나 아낀다고 이런 고생을 하는지 후회하기도 했다. 도착해보니 조용한 주택가에 덩그러니 사각형 단층 건물이 하나, 골목골목 구석진 곳에 있었다.

냉장고, 세탁기, 책상, 쓰레기통까지 대학가 선배들이 쓰고 간 물건들을 하나하나 주워 담았다. 중고 중에서는 가장 좋은, 2년 사용한 물건을 선택하는 사치를 부렸다. 대학가다 보니 2년 혹은 4년, 6년 사용한 물건들이 순서대로 나열되어 있었다. 책상 위에 올릴 연필꽂이까지 고르니 10만 엔 정도가 나왔다.

다음이 재밌다. 가게 안쪽에서 큼큼한 냄새가 풍겼다. 4년, 6년 전의 것이 아니라 40년, 60년 전의 고물들이 어떤 규칙도 없이 쌓여 있었다. 먼지가 뽀얗게 덮인 나무 상자를 풀어보니 아리타 도자기가 있고, 주전자에 찻잔도 있다. 매화꽃이 조각된 벼루도 있다. 이건 작품이다. 이런 건 어디서 가져온 물건이냐고 물었더니, 주인이 말하기를 "이 지역의 노인분이 요양원에 들어가기 전에 내놓고 간 물건"이란다. 오랫동안 간직한 물건들을 한꺼번에 정리해주기를 바란다면서 내놓으니 버려야 하는 쓰레기 비용도 만만찮지만 간혹 엄청난 고가품도 건진다는 것이 그의 말이다.

모퉁이가 살짝 깨지기는 했지만 옻칠이 되어 있는 상자를 여니, 오르골 소리가 난다. 어느 집 '귀한 따님'이 간직했던 보석 상자가 분명하다. 시집올 때 들고 온 것일까. 오랫동안 숨죽이고 있던 상자가 '나 살아 있다'고 소리를 내면서 무궁무진한 이야기를 담고 나에게 다가왔다. 3000엔이면 이 집 물건 중 가장 비싼 것이다.

쭈그리고 앉아서 하나하나 뒤지다 보니 별별 물건들이 많다. 지난해 프라하를 여행하면서 본 보헤미안 유리의 와인 잔이 여기에 있다. 지금 프라하의 가게에 진열된 그런 물건이 아니다. 체코슬로바키아라는 이름의 사회주의 나라일 때, 물건의 가치를 돈으로만 매기지 않았던 그 옛날 장인의 손으로 만든 잔이다. 해외여행이라고는 특별한 사람만이 가능했던 시절 부잣집 안주인이 사온 것일까, 선물받은 것일까.

특별히 좋아 보이지 않은 물건 중 유독 비싼 가격표를 달고 있는 것이 있어서, 내가 모르는 어떤 가치가 있는지 궁금해했더니 "우리 마누라가 팔고 싶지 않아서 이런 가격을 적어두었다"고 한다. 웃지 않을 수 없는 가게다. 오래된 물건 속에서 그들의 이야기를 상상하는 동안 얼마나 시간이 지났을까. 기다리다 지친 딸아이는 만지기만 해도 먼지가 나는 소파에서 잠이 들었다.

도쿄의 서쪽 대학가 무사시노(武蔵野)는 에도 시대 초기에 계획적 신전(新田) 개발로 도시화되었다. 제2차 세계대전 때는 군수 공장이 있었으며 전후에는 주거 도시로 급속히 발전했다. 나에게 무사시노는, 1898년에 발표된 구니키다 돗포(國木田獨步)의 산문「무사시노」로 기억된다. 무사시노의 가을과 겨울을 모두 거쳐본 사람이 아름다운 풍경과 정취를 묘사한 글이기 때문일까, 교외의 숲과 논밭으로 이어지는 거리에서 사람들의 숨소리를 느낀다. 나는 오늘 골목의 작은 중고 가게에서 무사시노를 만났다.

# 아리랑과 아카돈보, 두 곡의 만남

예술의 전당에서 멀지 않은 곳에 위치한 건물 지하에 음악을 즐길 수 있는 살롱이 있다. 7월 장맛비가 그치지 않는 금요일 오후 〈테너 김기선의 감성 토크 콘서트〉에 초대받았다. 이날 콘서트에는 일본에서 두 명의 가수가 초빙되었다. 이름이 토크 콘서트인지라 노래만 하고 무대 뒤로 사라지는 것이 아니라 관객과 이야기를 나누는 시간이 있을 것이니 나도 뭔가 작은 도움이 될 것 같은 자리였다.

조금 일찍 도착했는데, 50개의 의자가 마련된 작은 홀은 바깥의 꿉꿉한 세상과는 다른 아늑함이 있었다. 음악이라고 내가 아는 게 뭐가 있겠는가. 몇 해 전 『3일 만에 읽는 클래식』이라는 제목의 책을 번역한 적이 있는데, 누군가의 블로그에서 "참으로 좋은 책"이라고 칭찬하는 글을 올려 기쁜 마음으로 읽어 내려갔다. 그런데 기뻤던 마음도 잠시, 눈에 들어온 마지막 한 구절 "단 하나 아쉬움이 있다면 역자의 음악에 대한 소양 부족." 뭘 더 말하겠는가.

## 김기선과 일본의 성악 가수

테너 김기선은 오스트리아에서 유학했는데, 어려웠던 시절 거리에서 노래를 부르고 있으니 할머니 한 분이 다가와서 "젊은이는 목소리가 아주 좋은데 왜 거리에서 노래하고 있나?"라고 물었고, 자신의 남편이 오페라 지휘자니 오디션을 받으러 오라는 말을 남겼다고 한다. 이 만남을 시작으로 6개월 후 김기선은 〈리골레토〉의 만토바 공작 역을 맡았고, 급기야 오페라의 주역으로 유럽을 사로잡았으며, 세계 속의 한국을 빛낸 젊은 음악가에 선정되기까지 했다. 마치 영화의 한 장면 같은 이 이야기만으로도 이날의 토크 콘서트는 무궁한 이야기가 펼쳐졌다.

한 곡을 부르고는 관객들과 눈빛을 교환하면서 이야기를 나누는 아주 특별한 음악회가 시작되었다. 일본에서 온 테너 미즈후네 게이타로(水船桂太郎)와 그 아내 소프라노 오하라 가즈키(大原一姬)도 노래를 하고 김기선과의 만남에 대한 추억을 이야기하면서 관객과 하나가 되었다.

슬로바키아의 유명한 테너 페테르 드보르스키의 마스터 클래스에 참가했던 김기선은 그곳에서 미즈후네 부부를 만났고, 이것이 인연이 되어서 오랫동안 친구로 지낸다는 이야기를 했다. "남편은 영어도 잘 못하는데, 어떻게 김기선과는 한 시간이고 두 시간이고 전화 통화를 할 수 있는지 이해를 할 수 없다"는 아내의 말에 웃음바다가 되었다. 미즈후네 역시 "나는 한국이 참 좋고, 한국 사람처럼 생겨서 어제는 한국 사람인 양 거리를 활보했는데 일본말로 호객 행위를 당해서 당황했다"는 우스갯소리까지 했다.

한참을 웃고 떠들다가 20분이라는 긴 휴식 시간을 가졌다. 홀 밖에 준비한 풍요로운 와인과 다과를 즐기면서 50여 명의 관객은 마치 오래전부터 알고 지낸 친구처럼 서로 말을 섞었다. 즐거웠다. 음악과 이야기, 사람들이 한자리에서 가까워지는 시간이었다. "술에 취했으니 더 좋은 음악을 감상할 수 있겠다"는 누군가의 말과 함께 다시 음악회는 시작되었다.

### 아리랑 그리고 아카돈보, 두 나라의 만남

그리고 마지막 곡. 오하라 가즈키의 친구가 우리의 「아리랑」과 일본의 동요 「아카돈보(고추잠자리)」를 가지고 만든 곡을 부르기 시작했다. 「아카돈보」는 저녁노을 질 때 날아가는 고추잠자리를 보고 어린 시절을 기억하는 내용의, 향수 짙은 노래다.

저녁노을 질 무렵 고추잠자리,
누군가의 등에 업혀서 본 것은 언제였던가.
산밭에서 뽕나무 열매를 작은 바구니에 담은 것은 환상인가.

열다섯에 누나는 시집가고 연락이 끊어졌는데,

저녁노을 질 무렵, 장대 끝에 고추잠자리 앉아 있다.


「아리랑」을 부르고 「아카돈보」를 부르고 어느새 두 곡을 같이 부르는데 전혀 다른 두 개의 곡이 아니라 하나의 하모니를 이루는 '하나의 곡'으로 훌륭하게 소화되고 있었다. '아리랑'이라는 단어가 들리고 살짝살짝 일본어가 들리니 갑자기 뜨거운 눈물이 쏟아졌다. 서로 다른 두 노래의 만남이 이렇게 아름답게 하나가 될 것이라고 는 생각도 못했다. 어쩌면 서로 다른 두 개의 만남이라서 더 아름다운 것인지도 모른다. 나는 일본말이 들리니 그렇다고 치고, 일본말을 전혀 모르고 단지 소리로만 듣는 사람들에게도 감동이었던 모양이다. 옆자리의 노신사도 손수건을 꺼냈다.

한국과 일본이 서로 거리를 두고 서먹서먹한 이야기만 만들고 있는 것은 어제오늘 일이 아니다. 날이 갈수록 점점 더 심해지는 것 같아서, 나처럼 일본을 공부하고 학생을 지도하는 사람은 안타까움만 더한다. 그런데 지금 이 작은 콘서트홀에서는 두 나라가 아름답게 어울리고 있다. 지구 뒤편 먼 타국 땅 슬로바키아에서 한국과 일본 두 나라의 성악가가 처음 만났고, 그 만남이 계속 이어져 지금 이토록 아름다운 음악으로 하나가 되어서 사람들의 마음을 촉촉이 젖히고 있었다.

뒤풀이 자리에서 미즈후네는 "나에게는 꿈이 있습니다. 한국 성악가와 일본 친구들이 하나의 팀을 만들어서 공연하고 싶습니다.

일본에서 그리고 한국 무대에서"라는 말을 했다. 이 말을 듣자마자 일본과 무역을 하는 나래코리아의 대표가 후원을 약속했다. 미즈후네의 꿈은 이 자리에 함께한 모든 사람의 꿈이 되었다. 나는 조용히 기도했다. 이 꿈이 이 자리 사람들만의 꿈이 아니라, 한국과 일본을 이해하고 사랑할 수 있는 마중물이 되기를…….

## 그리고 뒷이야기

나는 이날의 감동을 글로 표현하고 인터넷 신문에 올렸다. 그리고 얼마 후, 일본에서 오하라 가즈키로부터 "당신의 글을 읽고 감동의 눈물을 흘렸다"는 글을 받았다.

"나는 한국에서 좋은 기억만 가지고 왔습니다만, 한국에는 일본을 싫어하는 사람들이 많이 있겠지요. 김기선이 우리와 함께 콘서트를 하는 일은 용기가 필요한 일이었을 겁니다. 우리가 그를 일본으로 초대하는 일보다 그가 우리를 한국으로 초대하는 일이 더 어려운 일이었다고 생각합니다. 두 나라의 정치적 문제를 넘어서, 음악이 두 나라를 잇고 마음의 응어리를 지울 수 있기를 간절히 바랍니다."

내 글을 어떻게 읽을 수 있었냐고 물었더니 "구글짱이 있잖아요"란다. 구글에서 번역된 글을 보고 눈물을 짓는 예술가의 마음에도 두 나라의 거치적거리는 일들이 많이 보이는 모양이다.

# 천황의 방한 염원

## 고마 신사 참배

천황은 일 년에 두 차례 공무가 아닌 사적인 여행을 한다. 일 년 365일 중 250일 이상 공식 일정을 보내는 천황에게는 특별한 시간이다. 2013년부터 시작했다고 하니 지난 2017년 10월의 여행은 여덟 번째 사적인 여행이었다. 이 소중한 시간, 천황은 일본 내 고구려 왕족을 모시는 사이타마현의 고마 신사를 참배했다. 1300년 전인 716년 '고마군(高麗郡)'이라는 마을을 세운 고구려 왕족 약광(若光)을 신으로 모시는 곳이다. 천황은 다양한 역사를 접하기 위해서 여기를 찾았다고 하는데, 출발 전 전문가를 통해 도래인에 대한 공부를 했으며, "고구려는 몇 년에 멸망했는가?", "고구려인과 백제인은 어떻게 다른가?" 등을 약광의 후손인 신사 관리자에게 질문할 정도로 한반도에 깊은 관심을 보였다.

천황의 고마 신사 참배는 역대 천황 중 처음 있는 일이리 많은 이들이 주목했다. 고마 신사가 있는 작은 마을에는 2000여 명의 사람이 모여들었다. 생전 퇴위를 앞둔 천황의 고마 신사 방문에 대해서 혹자는 "한국에 대한 반성과 화해의 메시지"라는 의미를 부여하기도 했다. 고마 신사 방문은 특히 천황의 뜻을 반영해 결정했다고 하니 더욱 그렇게 생각하게끔 한다.

일본 의회는 2017년 6월 9일, 천황이 서거하지 않은 상태에서도 왕위를 물려줄 수 있는 일회성 특례 법안을 만장일치로 가결했다. 일본 법은 천황의 재임을 종신제로 규정하고 있어서, 생전 퇴위를 위해서는 헌법 개정이 필요했다. 2018년 말경 아키히토 천황의 퇴임과 나루히토 황세자의 즉위가 이루어질 것 같다. 2016년 7월 13일, 당시 만 82세의 아키히토 천황은 "점차 진행되는 신체적 쇠약을 고려할 때 몸과 마음을 다해 상징적 의무를 다하는 것이 어려워지지 않을까 걱정하고 있다"는 내용의 대국민 메시지를 발표했다. 이른바 생전 퇴위를 표명한 것인데, 일본 열도는 크게 동요했다.

일왕의 생전 퇴위에 대해서 이러쿵저러쿵 참 많은 말들이 쏟아졌다. "일왕의 생전 퇴위 의지 표명은 아베 정권의 개헌에 대한 마지막 저항"이라는 말까지 있었다. 반면 이를 개헌의 지렛대로 보는 시각도 있으니 헌법 개정 추진의 실이 될지 득이 될지, 거미줄처럼 엮인 정치적 함수관계에 대해서 나는 아는 바가 없다. 그래도 생전 퇴위를 말하는 일왕의 마음을 인간적으로 읽고 싶다고 생각했다.

## 아키히토 천황의 위령 여행

제2차 세계대전 패전 당시, 쇼와 천황의 장남 아키히토 천황은 11세였다. 일본의 패전을 지켜본 아키히토 천황은 아버지 시대의 전쟁에 대한 반성을 직접 언급하는 등 평화주의 행보를 보여왔다. 1989년 즉위하자 일본군이 피해를 입힌 각국으로 '위령 여행'을 계속했다. 1992년에는 중국을 방문했으며, 2015년에는 팔라우, 2016년에는 필리핀에 이르기까지 많은 아시아 나라를 방문해서 전쟁으로 희생된 사람들 앞에 고개를 숙였다. 2005년에는 사이판의 한국인 전몰자 기념비를 찾아 참배했다. 공식 일정을 끝내고 갑자기 방문한 것인데 천황이 직접 방문을 결정했다는 이야기가 있다. 하지만 전후 70주년이 지난 지금은 이러한 아시아 위령 여행도 마무리해야 하는 시점이 되었으며, 천황은 스스로 더 이상 할 수 있는 일이 없다고 생각하는 것 같다.

사실 '아시아 위령 여행'에서 천황이 가지 못한 세 나라가 있다. 타이완, 북한, 대한민국이다. 타이완과는 1972년 천황이 아직 황태자였을 때 단교되었다. 그리고 천황의 대만 방문은 중국 측의 맹렬한 반발로 이루어지지 못하고 있다. 이후에도 중국의 반발은 그치지 않을 것이므로 천황의 타이완 방문은 기대하기 어렵다. 북한과는 1990년 이래 국교 정상화 교섭을 진행하고 있지만, 지금도 실현되지 못했다. 게다가 일본 정부는 북한의 일본인 납치 문제가 해결되지 않는 한 국교를 정상화하지 않겠다는 입장을 고집하고 있다. 고로 국교 정상화가 이루어지지 않는 이상 천황의 북한 방문은 실현 불가능하다.

아키히토 천황은 1989년 즉위 때부터 "한국을 방문할 기회가 있다면 친선 관계 증진에 노력하겠다"고 말해왔으며, 직간접적으로 여러 차례 한국을 방문하고 싶다는 의사를 피력했으나 정치적 이유 등으로 결국 성사되지 못했다. 일본의 보수 세력은 천황의 방한에 부정적이었고, 한국의 사과 요구 등이 방문을 어렵게 했다. 그래서 자신을 대신해 황태자의 방한을 희망하기도 했다. 2015년 4월 대구에서 '제7차 세계 물 포럼'이 열렸을 때, 유엔 '물과 위생에 관한 사무총장 자문위원회'의 명예총재를 맡은 황태자의 방한이 거론되었다. 그러나 아베 총리와 박근혜 전 대통령의 단독 정상회담이 실현되지 못하고 있는 시점인지라 무산되었다.

여하튼 가까운 미래에 이 세 나라를 방문할 수 있을 가능성이 보이지 않으니 '나의 역할은 여기까지'라고 판단한 천황이 생전 퇴임을 선언한 것이 아닐까 싶다.

아키히토 천황은 2001년 68번째 생일 기념 회견에서 "간무 천황(桓武天皇, 781~806년 재위)의 생모가 백제 무령왕의 자손이라고 『속일본기』에 기록되어 있어서인지 한국과의 인연을 느낀다"는 말을 해서 화제가 되었다. 이 외에도 천황은 자신을 백제의 후손이라고 밝히고 한국의 역사와 문화에 관심을 표명해왔다.

일본 종전일의 희생자 추도식에서 아키히토 천황은 "과거를 돌이켜보며 깊은 반성과 함께 앞으로 전쟁의 참화가 재차 반복되지 않기를 바란다"면서 '깊은 반성'을 언급했다. 3년 연속 반복해서 언급하는 '반성'이다. 그러니 천황의 고마 신사 참배는 방한의 염원을 작게나마 대신한 것으로 받아들일 수 있는 것이 아닐까 조심스럽게 생각해본다.

# 새날을 밝히는 닭

병아리 그림의 엽서를 받았다. 이제 이런 연하장으로 지인과 근황을 주고받는 일은 옛사람의 일이 되었다. 일본 역시 다를 바 없지만 그래도 우리보다는 많은 사람이 새해 계획을 담은 연하장을 보내며 인사를 나눈다.

일본은 우리와 같은 한자 문화권의 나라인지라 열두 동물을 상징하는 '십이지(十二地)'와 '십간(十干)'의 조합으로써 우주의 흐름을 이해했다. 일본에서 가장 오래된 역사서 『일본서기』에 따르면, 불교가 전파되던 그 무렵 백제로부터 전해졌다.

새해를 맞아 『토정비결』을 가지고 1년의 운수를 점치는 사람들이 종종 있다. 일본 친구들도 점을 참 좋아하는데, 간지(干支)를 가지고 점치는 일은 흔치 않다. 이것보다는 혈액형이나 별자리 같은 것으로 점을 본다. '음력'을 쓰지 않는 지금의 일본 젊은이들에게 간지는 이해하기 어려운 개념이다. 간혹 한국에서 원정 나간 무당을 본 적이 있는데, 일본 친구들은 오묘한 우주의 원리를 절묘하게 이용한 상술에 넋을 빼앗기곤 한다.

## 꼬끼오 vs 코케콧코

연중행사와 풍속을 정리한 『동국세시기(東國歲時記)』에 "설날, 인가에 내려온 귀신이 아이들의 신을 신어보고는 가지고 가는데, 닭이 울면 바로 사라진다. 그래서 정월 초하루에는 닭 그림을 벽에 붙이고 액이 물러나기를 빌었다"는 내용이 있다. 이렇게 닭은 어둠 속에서 여명을 알리는 존재이며, 액운을 물리치는 상서로운 새로 희망을 상징했다.

"꼬끼오." 닭의 울음소리는 벽사의 기능과 동시에 새벽을 알리는 역할을 한다. "코케콧코"라고 우는 일본 닭도 같은 역할을 한다.

하늘나라에 천황의 조상신이자 태양신인 아마테라스와 동생 스사노오가 있었다. 하루는 스사노오의 심한 장난에 화가 난 아마테라스가 바위 동굴 안으로 숨어버리자, 세상은 암흑 속에 빠졌다. 이에 여러 신이 모여서 궁리를 하는데, 그 첫 번째가 '쉬지 않고 우는 새(常世長鳴鳥, 닭)'를 울게 하자는 것이다. 닭이 울면 태양이 뜬다. 닭 울음소리에는 태양신을 부르는 힘이 있다고 믿었기 때문이다. 지금도 일본 신사에서는 닭을 풀어서 키우는 곳이 있는데, 이 이야기에서 비롯된 것이다.

## 때를 알리는 새

일본 열도에서는 기원전 2세기경 벼농사가 시작되었고, 닭도 그때 전래되었다는 기록이 있다. 그러나 소량이 출토된 것으로 보아 식용으로 보기는 어렵다. 불교에 의한 육식 금지령으로 닭은 오랫동안 식용보다는 '때를 알리는 새'로 신성시되었다.

교토를 중심으로 화려한 귀족 문화가 형성된 헤이안 시대(794~1185)의 대표작 『이세모노가타리(伊勢物語)』에 닭이 등장하는 이야기가 있다. 도시의 귀공자가 후미진 동쪽 지방을 여행하다 우연히 만난 여자와 사랑을 나누고 날이 밝기 전에 집을 나서는데, 시골 여자가 다음과 같은 노래를 읊는다. "날이 밝으면 저 바보 같은 닭을 물통에 집어넣어야겠네. 아직 날이 밝지도 않았는데 울어서 임을 보내버리다니." 이 노래로 말미암아 남자는 여자를 어찌했을까? 이 노래를 들은 남자는 여자의 마음을 헤아리기보다는 그 거친 표현에 화들짝 놀라서 떠나버린다. 야속하게도 시골 여자의 솔직하고 소박한 사랑의 마음을 도시 남성은 도저히 받아들일 수 없었던 모양이다. 이야기야 어찌 되었든 1000년 전에도 닭은 아침의 상징이었다.

그나저나 새벽을 알리는 소리라고 다 좋은 것은 아니다. 아무리 아름다운 음악도 잠을 깨우기 위해 '모닝콜'로 설정하는 순간 세상에서 가장 싫은 음악이 되니 말이다.

닭의 울음소리는 암흑 속에서 새벽을 부른다. "꼬끼오, 코케콧코." 다른 소리를 내고 운다고 해도 날은 밝아온다. 위안부 소녀상 설치 등으로 골이 깊어만 가는 한·일 관계이지만, 서로 이해하고 반성하고 용서할 수 있는 새날이 왔으면 좋겠다.

# 우리가 원하는 리더

옆집 여인의 수다는 남편 흉보는 것으로 시작되었다. 새해라 모처럼 가족이 음악회를 갔는데 시작과 동시에 꾸벅꾸벅 졸기 시작한 남편이 급기야 코를 골기 시작했다는 것이다. 아뿔싸 흔들어 깨웠더니, 무안해서 한다는 말이 "다들 잘하고 있는데 지휘자는 왜 있을까"란다. 혹시나 누가 들을까, 다독다독 다시 재웠다는 이야기다.

두 딸이 다 바이올린 연주자이고 악단의 단원으로 활약하고 있는데, 그 아버지가 이런 말을 하니 "무식한 이 남자를 어떻게 해야 하나" 머리에서 열이 나는 음악회였다고 하소연을 늘어놓았다. 음악당을 나오면서 "히딩크 없이 월드컵 4강이 가능했겠어"라고 쏘아붙이고 지금까지 말 한마디 없이 살고 있다는 뒷이야기까지 이어졌다.

우리 사회에서 '리더의 부재'는 어제오늘 일이 아니다. 가정에서 아버지의 자리는 작아졌고, 학교에서도 선생은 학생 눈치 보기 바쁘다. 개인의 권리가 존중되는 것은 좋은 일이지만, 그만큼 어른이 어른으로 대접받지 못한다. 어른이 어른 대접받지 못하는 것에는 여러 복합적 요인이 있겠지만, 오랜 시간 어른이 어른으로, 리더가 리더로서 그 역할을 다하지 못했기 때문이라고 감히 말하고 싶다.

우리 주변에서 일어난 참혹한 대소사의 중심에는 무책임하고 무능력한 리더가 있었고, 그들을 보면 견딜 수 없는 인간에 대한 비애마저 느낀다. 이런 세상에 살고 있으니, "지휘자가 왜 필요하냐"는 말도 이해가 된다. 많고 많은 사건, 사고 앞에서 전문가들은 행동 없이 말만 늘어놓았고, 관료는 무능했으며 정치인은 무책임했다. 그래서 더 갈망하고 있는지도 모른다, 우리의 진정한 리더를.

## 일본의 리더

일본에서는 리더십을 이야기할 때 꼭 나오는 이야기가 있다. 전국시대의 영웅 오다 노부나가(織田信長), 도요토미 히데요시(豊臣秀吉), 도쿠가와 이에야스(德川家康) 세 사람에게 두견새를 선물한 사람이 있었는데 그 새가 울지 않자 각자 시를 읊었다는 것이다.

울지 않으면 죽여버려라 두견새(なかぬなら殺してしまへ時鳥)
_오다 노부나가

울지 않으면 울게 해보겠다 두견새(鳴かずともなかして見せふ杜鵑)
_도요토미 히데요시


울지 않으면 울 때까지 기다리자 두견새(なかぬなら鳴まで待よ郭公)
_도쿠가와 이에야스


이 이야기는 그들이 살았던 시대로부터 200년이나 지난 에도 시대 후기, 마쓰우라 세이잔(松浦靜山)이 쓴 수필집『갑자야화(甲子夜話)』에 나오는 이야기다. 그러니 이 글이 정말 그들의 글인지 훗날 만들어진 것인지 알 수 없지만 천하통일을 이루는 과정에서 보여준 세 사람의 리더십은 지금도 회자되고 있다. 전국시대 혼란기를 정비하는 강력한 리더십은 통일의 초석을 다졌고, 지략과 전술의 리더십은 통일을 완수했다. 그리고 때를 아는 기다림의 리더십은 통일제국을 지키는 토대를 마련했다. 이렇게 차별화된 리더십이 천하통일이라는 대업을 이루었다고 그들은 인정한다.

이 이야기를 하면 파나소닉의 창업자 마쓰시다 고노스케(松下幸之助)가 "울지 않으면 그것도 좋다, 두견새(鳴かぬなら それもまたよしホトトギス)"라고 했다는 일화가 따라붙는데, 이것은 시대가 요구하는 또 다른 리더십을 반영한 것이라 생각한다.

## 아버지, 우리 아버지

여기서 나는 또 하나의 리더를 말하고 싶다. 1000만 돌파의 기록을 세운 영화 〈국제시장〉 속 인물이다. 내 주변에는 "월남에서 돌아온 새까만 김 상사"를 노래하면서 아버지를 기다리는 친구가 있었고, 하늘 나는 '뱅기'를 타고 독일에 간 파독 간호사 이모를 자랑하는 친구가 있었다. 그러니 〈국제시장〉의 '아버지'는 바로 나의 아버지 세대의 이야기다. 어려움 속에서 경제성장을 일군 그들의 힘든 역사를 딛고 지금의 내가 존재한다는 사실을 부인할 수 없다. '가장'이라는 이름으로 평생 단 한 번도 자신을 위해서 살아보지 못한 사람들이다. 그들에게 진보니 보수니 하는 문제는 아무런 의미가 없다. 가족의 배를 굶기지 않고 조금이라도 나은 미래를 살게 해주고 싶다는 마음뿐이었다. 이것이야말로 훌륭한 작은 리더의 몫이다. 이런 리더들이 모여서 한 시대를 만들었고 미래를 약속했다.

세상은 바뀌었다. 생각이 다른 젊은 세대를 무시할 수 없다. 주름 가득한 얼굴의 국제시장 아버지는 이제 한 가정의 훌륭한 리더가 아니라 '고집 센 영감'으로 비칠 뿐이다. 경제성장을 무엇보다 우선했던 시대의 주역은 청년 실업률 역대 최고를 기록하는 이 시대의 젊은이를 이해하기 어렵고, 이 시대의 젊은이들은 그들의 힘든 시간을 여과 없이 받아들이기 역시 어렵다.

11년 전에 개봉한 〈웰컴 투 동막골〉의 한 장면이 떠오른다. 인민군 장교가 "고함 한 번 지르지 않고 부락민을 통솔하는 영도력의 비견은 뭡네까?"라고 촌장에게 묻자, 촌장은 주저 없이 "뭐를 많이 먹여야지 뭐"라고 대답한다. 그래 뭐니 뭐니 해도 먹고사는 문제를 해결해야 진정한 리더다.

지금 우리에게 진정 필요한 리더의 모습은 무엇일까? 21세기는 하나의 가치관을 추구하는 시대가 아니다. 중앙집권적 왕이 존재하는 그런 세상이 아니다. 각계각층 다양한 가치관을 추구하는 집단이 존재하고 하루가 다르게 급변하는 가운데 강력한 리더의 구심점이 필요하다고 외치면서 한편으로는 각자의 이해와 권리를 고집한다. 훌륭한 리더는 시대에 따라, 가치에 따라 다르기 마련이다. 21세기 우리가 원하는 리더를 어찌 한마디로 표현할 수 있을까. 그래도 나는 소망한다. 자신의 자리를 사심 없이 지킬 수 있는 리더를. 그래서 당당하게 소통과 화합을 말할 수 있는 리더를 만나고 싶다.

# '가정 내 야당'
# 아베 총리의 아내 아키에

책을 출간하고 K 문고에서 강연회를 열었다. 많은 분들이 찾아주었는데, 꼭 참석하겠다는 말을 남기고 출근한 남편만 보이지 않는다. 강연회를 마치고 보니 방을 못 찾고 있다는 문자가 수십 통 남아 있다. 내가 광화문 K 문고에서 강연하는 동안 그는 강남 K 문고에서 짜증만 내고 있었던 것이다. 이렇게 소통이 안 되는 것은 우리 집만의 문제일까.

### 아키에 스캔들

미국 제45대 대통령으로 당선된 도널드 트럼프와 처음으로 정상회담을 한 나라가 일본이다. 2017년 2월 10일 트럼프 대통령은 위

싱턴 DC에서 미·일 정상회담을 마친 후 아베 총리를 에어포스원에
동승시켜 자신의 별장으로 안내했다. 다음 날 플로리다에서 골프를
치고 세 끼 식사를 함께하는 친밀한 모습은, 이제부터 아시아와 관
련된 중요한 문제는 아베와 먼저 상의하겠다는 트럼프의 메시지를
국내외에 전달한 것이라고 볼 수 있었다.

아베 총리는 이틀에 걸친 트럼프 대통령과의 만남에서 '저자세
굴욕 외교'를 하고 있다는 말을 듣기도 했지만, 결과적으로 상당한
성과를 거둔 정상회담이라는 최종 평가를 받으면서 아베는 의기양
양하게 귀국했다. 그런데 귀국하자마자 아베 총리의 부인 아키에가
명예 교장으로 있는 모리토모학원에서의 불미스러운 일이 불거지
면서 60% 이상 고공 행진하던 아베의 지지율이 꺾이기 시작했다.

오사카에 있는 모리토모학원이 아베 총리의 이름을 딴 초등학교
를 짓는다면서 모금 활동을 했으며, 4월 개교 예정인 초등학교 터
8770m²를 정부와 수의계약을 통해 헐값에 매입했다. 감정가 9억
5600만 엔의 국유지에 대해서 1억 3400만 엔만 지급한 것으로 확인
되었는데, 재무성은 매각 대상 땅에 묻혀 있는 폐기물 처리 비용을
모리토모학원 측이 부담키로 했기 때문에 감정가보다 낮아진 것이
라고 해명했다. 그런데 수상하게도 매각 기록을 담은 정부 문서가
폐기된 상황이라 의혹은 날로 커졌다.

사건이 확산되면서 아키에는 교장직을 사퇴했지만, 모리토모학
원이 로비를 통해 정부의 특혜를 받았을 가능성이 제기되고 있으며,
총리가 이 일에 얼마나 관련되었는지가 문제시되었다. 이윽고 아베

총리는 국회에서 아키에와 학원 이사장이 언제부터 알게 되었냐는 야당 의원의 질문을 받게 되었고, "나는 공인이지만 아내는 공인이 아니다. 아내가 언제부터 알았는지 모른다"라고 대답을 했다. 그러자 질문한 의원은 "지금 알 수 없다면 집에 가서 알아보고 내일 답하기 바란다"고 말하며 "총리의 아내 역시 마땅히 공인"이라고 맞섰다. 급기야 총리는 "나와 아내는 학교 설립인가와 국유지 매각에 일절 관여하지 않았다. 만약 관여했다면 총리도, 국회의원도 그만두겠다"면서 정치 인생을 걸었다.

## 아베의 비밀 무기

아베 총리의 아내 아키에는 도쿄 금융가에 선술집을 개업해서 화제가 된 적이 있다. 2012년 당시 아베는 자민당 총재였기 때문에 언론은 아키에를 두고 "퍼스트레이디가 될지도 모르는 이가 취객과 어울리는 건 바람직하지 않다"는 비난의 글을 싣기도 하고, 술에 취한 모습의 사진을 게재하기도 했다. 이에 대해서 아베는 "아내는 나와 달리 술을 좋아하고 때로는 취할 수도 있다. 이런 모습도 사랑스럽다"고 했으며, 이익금으로 미얀마에 학교를 세우려 한다는 설명도 더했다. 사람들 앞에서는 술을 마시지 않겠다는 조건으로 허락한 선술집은 잘 운영되고 있으며, 2015년 일본을 방문한 미셸 오바마(Michelle Obama) 당시 미국 대통령 부인과 캐롤라인 케네디(Caroline Kennedy) 당시 주일 미국 대사를 초빙해서 점심을 대접했다. ≪아사히신문≫은 "선술집에서 퍼스트레이드 외교를 펼쳤다"고 긍정적 반응을 보였다.

아키에는 술을 좋아하고, 골프를 잘 치고, 연예인 친구도 많다. 기타리스트 호테이 도모야스(布袋寅泰)와는 은밀한 만남을 가졌다는 스캔들에 휩싸인 적도 있을 만큼 자유분방한 성향의 사람이다. 한편 자식을 갖지 못한 그녀는 양자를 들여 한 아이에게 모든 것을 바치는 것보다 더 의미 있는 일을 찾고자 했으며, 불우한 환경에 처한 아이들에게 희망을 줄 수 있는 어른이 되고 싶다는 삶의 목표를 밝힌 적이 있다. 현재는 미얀마의 빈민층 아이들을 위해 공부방 만들기 사업을 지원하고, 방글라데시에서는 여자대학 설립을 위해 힘쓰고 있다.

친한파로도 알려져 있다. 2013년 주일 한국 대사관 청사에서 열린 '김장 축제'에 참가해 직접 김치를 담갔고, 같은 날 냉각된 한·일 관계가 발전하기를 염원하는 '대형 비빔밥 만들기 행사'에도 참여해서 이날 찍은 사진을 페이스북에 올렸다. 이에 일부 일본 네티즌은 위화감을 느꼈다. "총리의 아내이므로 거절했어야 했다", "일본 국민으로서 아주 불쾌하다", "도대체 무슨 생각으로 나간 것이냐" 등의 댓글을 달았다. 물론 "총리가 나설 수 없는 자리에 아내가 대신 나서는 것은 좋은 일이다. 쉽지는 않지만 양국이 서로 협조해나가는 게 중요하다"는 긍정적 의견도 일부 있었다. 여하튼 한·일축제한마당 등 각종 행사에 참석해서 냉각된 한·일 관계 회복을 위해서 노력했다.

2015년에는 한·일 교류 관련 포럼에 참석해서 "지금은 한·일 정상회담이 이루어지지 않는 등 관계가 좋지 않지만, 양국은 오랫동안 인연을 맺어왔다. 일본인의 피에는 한국인을 비롯한 대륙인의 피가 섞여 있다고 생각한다"고 하기도 했다.

2013년 미국 ≪월스트리트 저널≫과의 인터뷰에서는 원전 재가동 정책을 펼치는 남편을 비판했고, 총리가 역점 정책으로 추진 중인 '환태평양경제동반자협정(TPP)'에 대해서도 "농업이 공산품과 똑같이 다뤄지는 것은 원치 않는다"며 이의를 제기했다. '가정 내 야당'을 자처하는 부인 아키에의 언행에 대해서 "정치가의 아내로 자격이 없다"는 등 비판도 있지만, 일부 언론은 아베 총리의 지지율 상승을 돕는 '비밀 무기'로 보고 있다. 사실 '아내를 이해하고 받아들이는 남편'의 모습은 여성 유권자의 지지율을 올리는 데 한몫했다. 그런데 이번 사건은 그리 녹록지 않다.

아베 총리가 3선에 성공하면 2021년 9월까지 총리직를 맡을 수 있다. 이른바 '역대 최장기 정권 수립'을 꿈꾸는 그의 발목을 아내 아키에와의 소통 부족이 잡기 시작했다. 어느 집이나 가장 가까이 있는 사람이 문제다. 어느 나라나 권력자와 가장 가까이 있는 사람이 문제다.

# 무서운 세뇌 교육

　프랑스 만화를 원작으로 한 봉준호 감독의 영화 〈설국열차〉는, 빙하기 인류의 마지막 생존 지역인 열차의 각 칸을 통해서 이 사회를 조명했다. 계급으로 나뉘어 있는 각 칸의 기막힌 장면이 여럿 기억되는데 나에게 가장 충격적인 장면은 춥고 배고픈 사람들로 가득한 꼬리 칸도, 바퀴벌레로 단백질 블록을 만드는 공장 칸도, 감옥 칸도 아니었다. 해맑은 어린아이들의 경쾌한 노랫소리가 들리는 밝고 예쁜 교실 칸이었다. 교사는 "기차 밖은 죽음의 세상, 안은 천국"이라고 가르친다. 아이들은 절대자 윌포드와 엔진에 대해 맹목적으로 찬양하고 노래한다. 어른들이 만들어낸 세상을 유지하기 위한 무서운 세뇌 작업이 천진난만하게 그려지고 있는 네모반듯한 교실 칸에서 나는 두려움마저 느꼈다. 이 아이들은 설사 기차의 문이 열렸다고 해도 밖으로 선뜻 나가지 못할 것이다.

아베 총리의 아내 아키에를 명예교장으로 위촉했던 모리토모학
원 산하의 쓰카모토유치원의 가을운동회 동영상은 사람들을 경악
하게 했다.

어른들은 일본이 다른 나라에 지지 않게

센카쿠열도, 다케시마(독도), 북방 영토를 지키고,

일본을 나쁜 놈으로 취급하는 중국과 한국인은 마음을 고쳐먹고

역사 교과서에서 거짓을 가르치지 않게 해주세요.

아베 총리 힘내라! 아베 총리 힘내라!

안보 법제 국회 통과는 잘된 일입니다!

우리는 오늘도 최선을 다합니다.

병아리 같은 원아들이 입을 모아 구호를 외치니, 설국열차의 교
실 칸 바로 그 장면이었다. 시대가 어떤 시대인데 지금도 일그러진
애국 교육이 진행되고 있다는 사실이, 자식을 가진 어미의 마음을
무겁게 한다. 그것만인가. 군국주의의 상징인 '교육칙어'를 매일 아
침 암송하게 했으며, 옛 군가까지 가르쳤다는 이야기가 있으니 놀
라움을 금할 수 없다.

원생들에게 '교육칙어'를 매일 아침 암송하게 했다는 사실이 알려
지자 다양한 말들이 쏟아졌다. 이나다 도모미(稲田朋美) 방위상은
"교육칙어의 정신인 효행과 우애 등은 지금도 중요한 것이니 재평

가해야 한다"면서 옹호했고, 급기야 일본 정부는 교육칙어를 "'헌법'이나 '교육기본법'에 반하지 않는 형태에서 교재로 이용하는 것까지는 부정할 수 없다"는 공식 입장을 밝혔다. 이에 개인보다는 국가를 우선시하는 교육칙어의 부활은, 침략 전쟁 당시의 가치관을 지향하는 아베 내각의 교육관이라면서 경계해야 한다는 목소리가 높아지고 있다.

### 교육칙어란?

1890년 개인의 지식 습득보다는 도덕교육을 강화해야 한다는 의도로 메이지 천황이 '교육에 관한 칙어'를 발포했다. 이 칙어는 이후 도덕교육의 규범이 되었는데, 1930년대 전쟁이 격화되고 '국가총동원법'이 시행되자 이것을 정당화하기 위한 수단으로 이용되었다. 암송은 물론이고 사본을 안치한 건물 앞에서 경례를 했다. 행사 시 교장이 낭독할 때는 일거수일투족을 기록했으며, 혹 잘못 읽기라도 하면 교장의 거취에 영향을 미쳤을 정도다.

여하튼 교육칙어는 본래의 취지에서 벗어나 군국주의 교전으로 이용되었다. 전쟁이 끝나자 연합군 최고사령부(GHQ)는 교육칙어가 신성화되었다는 점을 문제 삼아 낭독을 금했고, 1948년 중의원과 참의원이 교육칙어 배제와 실효를 결의했다. 신화적 국가관에 기초해 주권이 천황에게 있음을 천명하는 내용이므로 기본 인권을 해친다는 것이 그 이유였다. 그리고 군사교육이나 군국주의를 연상케

하는 것으로 인식되면서 공식 석상에서 자취를 감추었다.

원래 '칙어'란 '임금이 몸소 가르친 말씀'이라는 뜻이다. 그러니 교육칙어는 국무와 관련된 법령 문서가 아니라 '천황의 말'이다. 천황은 자신을 "짐"이라고 칭하고 국민을 "신민"이라고 표현했다. 이것이 문제다. 315자에 불과한 전문이지만 '천황의 말'인지라 처음부터 애매하게 기록되었고, 시대에 따라 사람에 따라 다양하게 해석하니 그 주석서가 300권이 넘는다. 공식 해석이라는 것이 몇 있기는 하지만 이것들 사이에도 차이가 있다.

더듬더듬 읽어나가면 "짐이 생각건대, 나의 조상이 이 나라를 건국한 것은 오래전의 일로 그 덕은 깊고 두터운 것이다"로 시작해서, 칙어의 핵심으로 보기도 하는 '12가지 덕목'을 나열한다. 효행, 우애, 부부 화합, 붕우유신, 겸손, 박애, 수학, 재능 신장, 인격 향상, 공익, 준법 그리고 마지막 하나가 "만일 위급한 사태가 발생하면 정의와 용기로 봉사한다. 이렇게 해서 영원히 이어지는 황실의 운명을 돕는 것은 충성스러운 짐의 신민으로서 당연한 일이다"라는 내용이다. 여기서 '봉사한다'를 1930~1940년대에는 '목숨을 바치다', '나라를 위해서 죽는 것보다 기쁜 일은 없다' 등으로 해석했다. 그리고 "이것이야말로 동서고금 영원한 진리이니 잘 지키자"라고 마무리했다.

사실 교육칙어의 재평가는 어제오늘의 이야기가 아니다. 다나카 가쿠에이(田中角榮) 전 총리의 교육칙어 열두 덕목의 보편성 발언을 비롯해 이를 옹호하고자 하는 발언은 끊이지 않았다. 칙어는 칙령이 아니니 법적 강제력이 없다. 내용이 도덕적 기술에 지나지 않는다는 점 등을 주장하는 정치가, 교육자들은 언제나 존재했다.

좋다. 어쨌든 좋다. 단 시대를 거쳐 왜곡된, 애국의 옷으로 무장된 이것을 아이들의 작은 입을 통해서는 듣고 싶지 않다. 이 아이들은 우리 아이들과 어울려서 좋은 세상을 만들어나가야 한다. 무지한 어른들의 세상을 부수고 나갈, 희망이고 힘이다.

# 도쿄 올림픽과 개헌

　2016년 리우 올림픽 폐막식 최고의 하이라이트는 아베 마리오의 등장이었다. 아베 총리가 마리오로 변신하는 영상이 상영되자 많은 사람이 큰 웃음을 터뜨렸고, 영상이 끝나면서 마리오 모자를 쓰고 빨간 공을 든 아베가 실제로 경기장 중앙에 설치된 초록색 워프 파이프에서 나오자 큰 박수를 보냈다. 폐막식 후 아베 총리는 기자들 앞에서 "4년 후 도쿄 올림픽에서, 이번에는 우리가 감동을 전할 차례"라며 흥분된 목소리로 말했다. 일본은 이렇게 유쾌하고 창의적인 퍼포먼스로 2020년 도쿄 올림픽을 홍보하는 데 성공했다.

　일본의 현행 '헌법' 시행 70돌을 맞이한 2017년 5월 3일, 아베 총리는 "도쿄 올림픽이 열리는 2020년을 일본이 새로 태어나는 계기로 삼겠다"라면서, "2020년을 새 헌법이 시행되는 해가 되도록 하고

싶다"고 했다. 아베는 2012년 재집권 후, 개헌을 해야 한다고 수차
례 밝혀왔지만, 그 일정을 구체적으로 언급한 것은 처음이었다. 그
런데 왜 하필이면 올림픽이 열리는 2020년을 지목했을까. 리우 올
림픽 폐막식에서 말한 '감동'은 이런 것이 아닐 텐데 말이다.

### 1964년 도쿄 올림픽

《요미우리신문》은 여론조사를 통해서, 쇼와 시대를 상징하는
가장 큰 사건으로 1964년 도쿄 올림픽을 꼽았다. 많은 사람들이 올
림픽을 전후 부흥에서 고도성장으로 이어지는 시기의 상징적 존재
로 기억하고 있었기 때문이다. 도쿄 올림픽은, 전쟁이 끝나고 20년
도 채 되지 않은 해에 개최되었다. 전쟁에 패한 후 주변국의 전쟁을
발판으로 급속한 경제성장을 이룬 일본이 또다시 국제사회의 중심
으로 부활하는 원동력을 여기서 찾았다.

1959년 구미 세 도시를 제치고 개최국으로 선출되었을 때 일본
은 축제 분위기였다. 도쿄도 직원들은 일장기를 흔들면서 만세를
외쳤다. 올림픽 유치 성공은, 그해 4월 경제협력개발기구(OECD)에
가맹하는 데 큰 힘이 되었다. 이것은 일본이 패전의 역사를 딛고 선
진국으로 입성하는 증거이기도 했다. 세계는 일본을 더 이상 전범
국이 아니라 친절하고 깨끗한 문화 대국, 스포츠 대국으로 보기 시
작했다.

올림픽 개최를 계기로 국내 교통망이 정비되고 건설 투자가 대대

적으로 이루어지면서 호경기를 맞이했다. 올림픽 개최 9일 전 도쿄에서 나고야를 거쳐 오사카에 이르는 '삼대 도시권'을 잇는 신칸센이 달리기 시작했다. 일본이라고 하면 후지산을 배경으로 달리는 신칸센 사진이 떠오르는데, 이것 역시 올림픽 이후 만들어진 그림이다.

올림픽 중계는 현지 영상을 통신위성을 통해 미국으로 송신하고, 미국이 수신한 영상을 유럽으로 송신하는 방식으로 이루어졌다. 1959년 지금의 황후 미치코가 결혼하면서 흑백텔레비전 보급이 급속하게 늘어나, 올림픽 당시에는 보급률이 89.8%에 달했다.

한편 미국이 오키나와를 통치하던 시절에는, 오타 세사쿠(大田政作) 주석이 "조기 복귀는 어렵겠지만 본토(일본)와 같은 시간에 방송을 보고 싶다"고 진정해서 일본전신전화공사가 전기통신용 회로를 오키나와 나하시까지 연장하기도 했다. 이것으로 오키나와 주민의 일본인 의식을 고조시켜 1972년 오키나와 반환으로 이어졌다.

올림픽 때 사용된 모든 시계는 스위스 것이 아니라 'MADE IN JAPAN'이었다. 스타디움의 커다란 시계에 일본의 것임을 알리는 글자가 새겨졌다. 수영장에 터치판을 도입했으며, 경기 판정과 기록 송신의 전산화를 추진해 도쿄 올림픽은 '과학 올림픽'이라는 평가도 받았다. 경비 체제도 전면적으로 기계화가 진행되어, 경시청의 경비 본부는 현장 상황을 알 수 있는 무선 텔레비전을 도입했다.

## 성화 봉송자

마지막 성화 봉송자도 특별했다. 19살의 청년 사카이 요시노리 (坂井義則)가 그 주인공이다. 당시 와세다대학 육상부 소속으로 올림픽 출전을 준비하고 있었으나 선발되지 못했다. 좌절에 빠진 그를 마지막 성화 봉송자로 지목한 것은, 그가 1945년 8월 6일 히로시마에서 태어났기 때문이다. 이날이 바로 히로시마에 원자폭탄이 투하된 날이다. 세계 언론은 그를 '원자 보이'라고 불렀다.

원자폭탄이 투하되고 한 시간 반 뒤에 태어난 그는 사실상 피폭자는 아니었다. 그가 태어난 곳은, 원폭 투하지인 히로시마시에서 직선거리 약 60km 떨어진 히로시마현 미요시시다. 그러나 그의 아버지는 피폭자였다. 여하튼 원자폭탄이 투하된 날 히로시마에서 태어난 젊은이가 푸른 하늘 아래 성화대 계단을 향해 뛰어 올라가는 모습은 바로 일본의 부흥과 평화를 상징했다.

한 젊은이를 통해서 전쟁의 아픔과 어둠의 역사를 벗어던지고, 일본은 새 시대를 맞이하는 퍼포먼스를 전 세계에 보인 셈이다. 원자 보이는 성화대에 점화할 때 "눈앞에는 하늘밖에 없었다"라는 말을 남겼다. 올림픽 이후 일본의 젊은이들에게는 과거의 장애물이 걷히고 드높은 하늘을 향한 미래만 있었다.

아베 총리는 "국제분쟁 해결 수단으로 무력행사를 영구히 포기한다"는 '평화헌법' 9조를 남겨둔 채 자위대의 존재를 인정하는 조항을 넣는 방안을 논의하고자 하다는 뜻을 밝혔다. 개헌을 하기 위해서는 국회에서 개헌안을 작성하고 심의한 다음 중의원과 참의원으로 구성된 양원 본회의 표결과 국민투표를 거쳐야 한다. 여하튼 2020년까지 헌법을 개정해서 자위대를 합법화하겠다는 것이 아베 총리의 주장이다. 그리고 그는 말한다. "1964년 도쿄 올림픽은 일본이 선진국으로 급성장하는 원동력이 되었다. 2020년은 새 헌법 시행을 지향하는 데 적합하다." 이 일을 성사시키기 위해서는, 우선 자민당 총재 선거에서 3선에 성공해야 한다. 아베 총리가 2020년 올림픽에서 전직이 아닌 현직 총리로 개막식에 앉아 있어야만 가능한 일이다.

그렇다. 일본은 1964년 도쿄 올림픽을 통해 제2차 세계대전 패전국에서 벗어난 일본을 전 세계에 알렸다. 2020년 도쿄 올림픽을 통해 어떤 일본을 보이고 싶은 것일까. 미 군정 아래 공포한 일본국 헌법을 개정하는 것으로 말할 수 있는 것은 무엇일까. 이후 아베의 주장은 어떤 길을 걷게 될지 궁금하다.

# 조각조각 나뉘어
# 지금에야 등장하는 이유

　매달 한 번 ≪매일신문≫ "세계의 창"에 실을 칼럼을 준비하면서, 시중에 있는 신문을 샅샅이 살펴보며 마감 직전까지 시사에 뒤떨어지지 않는 글의 소재를 찾는다. 항상 그렇지만, 이번에도 역시 대통령의 미국 방문을 시작으로 북핵, 탈원전 논란, 최저임금 논의 등등 급급한 주제는 넘쳐나고, 이런 주제 앞에서 나는 스스로 '세상 보는 눈'을 시험한다. 그런데 오늘은 어떤 이야기보다 "원효『판비량론』의 잃어버린 조각 일본서 발견"이라는 제목의 기사가 내 마음을 사로잡는다. 1000년, 2000년의 긴 시간 속에서 작고 작은 나의 존재를 확인하고 싶어 하는 우둔함 때문인지도 모른다. 한미 정상회담이니 사드니 신재생에너지에 대해서 시급을 다투며 할 말도 많지만, 나는 지금 역사 속에서 잃어버린 한 조각 글에 대해 이야기하고 싶다.

## 원효의『판비량론』

원효대사 탄신 1400주년을 기념해서, 동국대 불교문화연구원
HK연구단과 가나가와현 현립 가나자와문고가 '원효와 신라불교 사
본'이라는 주제로 한·일 공동학술대회를 일본 가나자와문고에서 개
최했다. 최근 위안부 문제가 다시 불거지며 불편한 관계가 이어지
고 있는 가운데, 동국대와 도쿄대가 각각『한국불교사』와『일본불
교사』를 상대국 언어로 동시에 출간하는 등 불교계에서는 학술 교
류를 통한 민간외교에 힘을 기울이고 있으니, 이 얼마나 고마운 일
인가. 이번 학술대회 역시 그 일환이라고 할 수 있다.

이 자리에 참석한 것도 아니고, 불교학자도 아닌 사람이라 자세
히 알지는 못한다. 원효대사의 제자 심상(審詳)이 일본에 화엄학을
전한 연유로 교토 여러 사찰에 원효대사가 알려졌고, 그에 관한 다
양한 전설이 전해지고 있다. 원효대사는 불교 경전 연구에 힘을 기
울여 당시 전해진 거의 모든 경론에 대한 주석서를 저술해 그 수가
100여 종에 이르렀다고 알려졌지만 현존하는 것은 20여 종, 완본은
3~4종에 불과하다. 판본 대다수는 일본에 있는 것으로 안다.

이날 많은 발표가 있었는데 게이오대학의 오카모토 잇페이(岡本
一平) 강사가 "교토의 사찰 도지(東寺)에서 흘러나와 현재 개인이 소
장하고 있는 고서 필사본 낱장이『판비량론』의 단간(斷簡)으로 확
인되었다"고 발표를 했다. 세로 25.7cm, 가로 7.7cm의 종이에 20자
씩 다섯 행, 총 100자의 초서체 글자가 쓰여 있는 필사본이다.

『판비량론』은 원효의 불교 사상을 대표하는 저술인데, 완본이 전해지지 않아서 학계에서는 필사본 조각으로 실체를 더듬고 있다. 필사본 조각 중 대표적인 것은 1967년 일본 학자 간다 기이치로(神田喜一郎)가 집안에 전해오던 것을 공개한 뒤 현재 오타니대학 박물관이 소장하고 있는 '오타니본(本)'이다. 20자씩 105행 총 2100자에 이르며, 전체의 5분의 1 정도로 추정된다. 지난해에는 오치아이 히로시(落合博志) 교수가 소장하고 있는 총 180자의 '오치아이본'이 공개되었다. 미쓰이(三井)기념관, 고토(五島)미술관, 도쿄국립박물관도 『판비량론』 필사본 조각을 소장하고 있는 것으로 확인되었다.

### 고히쓰키레

재미난 것은 제작 방법과 글씨체로 보아 이것은 모두 한 권의 책이었는데, 에도 시대 말기에 조각조각 나뉜 것으로 보인다는 점이다. 왜 굳이 조각조각 나누었을까. 여기서 친절한 설명이 요구되는 고로, 일문학을 전공한 사람으로 설명을 더하고자 한다. '단간'이라는 생소한 단어를 사전에서는, "떨어지거나 빠져서 완전하지 못한 글월"이라고 설명하는데, 일본에는 옛날 이름난 명필가나 가인이 쓴 글을 자른 것을 뜻하는 '고히쓰키레(古筆切)'라는 단어가 있다. 앞에서 "필사본 조각"이라고 한 것은 바로 '고히쓰키레'를 말하는 것이다.

전국 통일을 향한 막바지 사업이 시작된 16세기 말, 조금은 평화로운 세상이 되자 지식인들은 그 옛날 귀족들이 주고받던 시가집을 탐내기 시작했다. 아름다운 필적을 흉내 내고 싶어서, 또한 감상하기 위해서였다. 원래 가보로 소유했겠지만 곤궁해진 귀족들이 이것을 내놓으면서 유통이 시작되었고, 애호가들이 증가하자 수요와 공급의 관계로 한 장씩 잘라서 가격을 흥정했다. 또한 다도가 유행하면서 '인생에 단 한 번의 만남(一期一會)'이라는 정신 아래 주인은 차 마시는 공간을 정성껏 준비했는데, 고히쓰키레를 가지고 족자를 만들어 벽에 걸었다. 시가집만이 아니라 이야기집과 일기 사본, 에마키(두루마리로 된 이야기 그림)와 불경도 낱장으로 찢겨서 족자가 되기도 하고, 병풍이 되기도 하고, 누군가의 귀한 소장품이 되었다.

그러다 보니 완본이 아니라 낱장이 여기저기서 나타났다. 한 권이 번듯하게 나타나면 얼마나 좋겠는가. 하지만 이렇게 조각조각 소장되어온 것이 오히려 문화재를 지키는 데 도움이 된 것도 사실이다. 소재가 불분명했기 때문에 전란이 있어도 화재가 있어도 통째로 소실되는 일 없이 일부라도 전해지는 기적을 낳았다. 2009년에는 가마쿠라 시대에 만들어진 『가게로 일기(蜻蛉日記)』 에마키의 단간이 발견되어 언론을 떠들썩하게 했다. 『판비량론』 필사본들은 모두 한 권의 책이었는데 에도 시대 말기에 조각조각 나뉜 이유도, 또한 지금에야 등장하는 이유도 여기에 있다.

이렇게 모인 소중한 자료들을 가지고 지난 한·일의 관계사를 논하고 더 나아가 우리의 미래를 이야기해야 할 시간이 온 것 같다. 직어도 이것을 공부하는 사람들 사이에서는.

# 판다가 귀엽다고?

아버님께서 노인대학을 다니기 시작하셨는데, '두루미반'이란다. 순간 웃음을 참았지만 "옆집 김씨 영감은 거북이반이야"라는 말에 모두 낄낄낄 웃음보가 터졌다. "나는 판다반인데"라고 어린 손자가 한마디 더 하자, 이제는 배꼽을 잡는다.

## 동일본 판다 유치 운동

2011년 3월 11일 동일본대지진 발생으로 황폐해진 동북 지역에 뭔가 도움이 되는 일을 해야 한다고 생각하는 사람들이 많았다. 2011년 12월 22일 센다이시 부시장과 탤런트 곤도 마사히코(近藤真彦), 구로야나기 데쓰코(黑柳徹子)는 당시 수상이었던 노다 요시히코의 저택을 찾아가서 중국의 판다 유치에 대한 협력을 요청했다. 이에 수상은 "꿈이 실현되도록 열심히 노력하겠다"고 답했다.

곤도는 1980년대를 대표하는 일본의 아이돌 가수다. 우리나라에서 공식 활동을 하지는 않았지만, 그의 〈긴기라긴니 사리게나쿠(ギンギラギンにさりげなく)〉 음반이 불법 복제되어 판매되면서 당시 청소년들 사이에서는 따라 부르지 않는 이가 없을 정도로 유행했다. 홍콩을 비롯해 중화권에서도 선풍적인 인기를 누렸다. 나도 당대를 산 까닭에 그가 일으킨 열풍을 잘 기억한다. 아시아 최초의 유니세프 친선 대사이자 판다 대사인 구로야나기는 『창가의 토토』의 작가로 우리에게 잘 알려진 사람인지라 더 이상의 설명이 필요 없다.

곤도는 "팬들의 모금으로 무엇을 할 수 있을까 생각하다가 판다를 떠올렸다. 동북 지역에 판다가 오면 아이들이 기뻐할 것으로 기대된다"라고 했고, 부시장은 "마음에 상처를 가진 아이들이 많이 있는데 이들을 위로하고 희망의 빛이 되도록 반드시 판다를 유치하고 싶다"라고 했다. 곤도가 소속된 자니스 사무소에서 판다 두 마리를 5년간 대여하는 비용과 유지비를 전면적으로 지원하겠다고 나섰다. 이 사업은 동일본대지진 지원 프로젝트 '마칭 제이(Marching J)'의 일환이라고도 했다.

자니스 사무소에서는 지진 발생 당시에 모든 콘서트를 중지하고, 콘서트 기재 운반용의 10t 트럭과 전기 공급차 등을 재해지에 보내는 등 지원 활동을 했다. 더 나아가 '3월 = March = 행진'에 자니스의 'J'와 저팬의 'J'를 더해서 'Marching J'라는, 이른바 '당신과 함께 걷는다'는 뜻을 담은 프로젝트명을 만들고 1년 동안 재건 지원 이벤트를 개최하겠다고 선언했다.

구로야나기는 판다 유치를 희망하는 피해지 아동 100명의 서명을 모았다. 이 프로젝트는 일본 국내 각계각층에서 지원을 받았으며, 중·일 판다우호사업 국민위원회는 중국과 일본의 지진 재해 고아 지원 사업에도 힘을 더하고 싶다고 했다.

## 중국의 판다 외교

중국의 판다 외교는, 중일전쟁 시기인 1941년 장제스 총통이 중국을 지원하는 미국에 감사와 우정의 표시로 판다 한 쌍을 보낸 것에서 시작된다. 이후 마오쩌둥은 우호국인 소련과 북한에 판다를 기증했고, 소련과 갈등을 빚으면서 영국, 서독 등 서방국가에 접근하기 위해 판다를 이용했다.

1972년 일본과 수교를 시작하면서도 도쿄 우에노공원에 판다 한 쌍을 선물했다. 판다는 중·일 외교의 상징이 되었고, "판다 한 마리가 열 명의 외교관보다 큰 역할을 한다"는 말이 유행했다. 최근에는 프랑스 중부의 작은 마을 생테냥의 보발동물원에 세 살배기 판다 한 쌍을 보내서 환영받았다. '중국과 프랑스 우호의 상징'이라고 의미를 부여했다. 현재 중국 바깥에 있는 판다는 여덟 개국, 38마리에 불과하다.

판다는 돈으로 살 수 있는 동물이 아니다. 중국에 서식하는 판다의 개체 수는 현재 1600마리에 불과하다. 1983년 워싱턴조약의 발효로 희귀 동물을 다른 나라에 팔거나 기증할 수 없게 되자, 중국 정부는 '연구 목적'이라는 명목으로 돈을 받고 대여해주고 있다. 그 비용은 엄청나다. 통상 한 쌍에 연간 10억 원 정도다. 자연사했음을 증명할 수 없으면 사망에 따른 보상금이 5억 원 정도이고, 새끼가 태어나면 연간 수억 원을 따로 지불해야 한다. 하지만 대여료가 나라마다 다르게 측정되고 있다니 우스운 이야기다. 그 유지비도 만만치 않다. 대략 연 8억 원에 이른다.

## 판다 효과?

판다를 '부흥의 상징'으로 삼고자 한 것은, 일본인이 세계에서 판다를 가장 좋아하는 국민이기 때문만은 아니다. 지난 2000년 한신대지진 발생 후 중국이 위로의 뜻으로 판다 한 쌍을 선물한 적이 있다. 수컷의 이름은 부흥(復興)을 바란다는 뜻을 담아 '고코(興興)'라 명명했다. 그해 고베 시립 오지(王子)동물원을 찾은 사람은 이전 해의 약 두 배에 해당하는 200만 명이나 되었다.

간사이대학 대학원의 미야모토 가쓰히로(宮本勝浩) 교수는, 판다 유치로 센다이시 근처에서 얻을 수 있는 경제적 효과가 연간 35~40억 엔에 이를 것이라고 산정했다. 판다를 맞이할 야기야마(八木山)농불원에는 현재 연 약 50만 명이 방문하는데, 유치가 실현되면 그 수가 80만 명 이상이 될 것으로 그는 추측했다. 그러면서도

"아이들과 피해자의 얼굴에 웃음이 돌아온다면 그 가치는 돈으로 환산할 수 없을 것"이라고 덧붙였다.

2012년은 중·일 국교 정상화 40주년을 맞이하는 해였다. 즉, 판다가 일본에 처음 들어온 날로부터 40주년이 되는 해다. 일본은 이 해에 동일본대지진 피해지 아이들을 위해서 중국에 판다 대여를 요청했으며, 이는 중일 친선의 또 하나의 움직임이 될 것으로 확신했다.

그런데 일본이라고 판다가 무조건 환영받은 것은 아니었다. 2008년 후진타오(胡錦濤) 주석이 일본을 방문하기 직전, 우에노 공원의 판다가 죽자 후진타오는 다른 판다를 주겠다고 했다. 그러나 중국이 임대료로 연 1억 엔 이상을 요구하자 반중 분위기가 고조되었고, 이시하라 신타로(石原慎太郎) 도쿄 도지사는 그럴 예산이 없다고 반응했다. 결국, 3년이 지난 2011년 2월에야 임대료를 대폭 낮춤으로써 일이 성사되었다.

동북 지역에 판다를 유치하겠다는 것에 대해서도 당연히 차가운 반응이 드러났다. "그 돈을 다르게 쓸 수는 없는가?", "판다를 위해서 모금한 것은 아닐 텐데", "과연 판다 유치로 연간 1억 엔 이상의 이윤을 얻을 수 있을까?", "모금된 돈이 중국으로 간다니 복잡한 심경이다", "이럴 거라면 괜히 기부했다", "사기다", "이제는 더 이상 협력하지 않겠다" 등등의 목소리가 나왔다. 급기야 자니스의 중국 진출을 위해서 이용한다는 말까지 나왔다. 2012년 3월 11일 동일본대지진 발생 1년이 되는 날, 도쿄돔에서 자선 이벤트를 개최했는데 이 자리에서 곤도는 1년 동안 모금된 돈이 8억 2655만 3991엔이라고 밝히고, 이 돈을 "판다에는 쓰지 않겠다"고 발표했다. 이로써 판다 유치는 사실상 무산되었다. "판다 유치는 자니스 그룹에서 모금한 자금으로 하겠다"며 "아직도 포기하지 않았다"고 했지만, 여하튼 이후 아무런 소식이 없다.

그나저나 판다를 직접 본 적이 있는가? 나는 판다를 보기 위해 우에노동물원까지 일부러 간 적이 있다. 더운 여름날이라 그런지 냉방 장치가 잘된 시멘트 바닥의 우리 속에서 산만 한 덩치의 판다는 꼼짝 않고 잠을 자고 있었다. 한참 바라봤는데, 그 덩치로 풀밭을 귀엽게 뒹구는 모습은 상상되지 않았다. 사진이나 영상만으로 상상했던 이미지가 완전히 망가졌다. 엄청 실망했다. 우에노동물원에는 여름에만 공개하는 환갑이 넘은 거북 '다로'와 '가메키치'가 있다. 그리고 우아한 자태를 자랑하는 두루미도 있다.

# 지한파 외교관 무토 마사토시

재한 일본 대사를 역임했던 무토 마사토시(武藤正敏)가 『한국인으로 태어나지 않아서 다행이다』라는 자극적 제목의 책을 발표했다. 출판사는 발매와 동시에 증쇄가 결정되었다는 광고를 ≪산케이신문≫에 실었다. 이것은 극우 성향의 언론을 통한 인기몰이에 불과한 것인지도 모른다. 여하튼 표지에는 문재인 대통령의 사진이 크게 들어 있고, "하필이면 왜 지금 문재인인가! 벌어진 입을 다물수가 없다!"는 글이 더해져 있다. "한국의 발전을 위해 은퇴한 외교관이 듣기에는 거슬리지만 도움이 되는 말을 담고자 했다"는 출간 의도를 밝혔지만 그래도 편하지 않은 제목이다.

한국은 북한으로부터 위기가 고조되는 이 시기에 친북·반일을 외치는 문재인을 대통령으로 선출했다. 과거 문 대통령을 만난 적이 있는데, 그의 머리에는 북한에 대한 것밖에 없었다. 경제 정책을 모르는 문 대통령은 '퍼주기 정책'으로 인기를 얻겠지만, 성공하지 못하면 국민들의 불만을 노골적 반일 감정으로 전환할 것이다. 이에 일본은 의연하게 임해야 한다. 미국과 일본의 움직임은 한국을 궁지에 몰아넣을 것이다.

이와 같은 내용을 두고 우리 언론은 혐한 서적이니 억지 주장이라고 한다. 이웃 나라 전직 외교관의 자극적 비판에 대해서 불쾌함을 감출 수 없는 것이 사실이다.

### 지한파 외교관 무토 마사토시

무토 마사토시는 한국어를 유창하게 구사할 수 있는 사람으로, 2010년 주한 일본 대사로 부임할 당시 상당히 주목을 받았다. 그는 신임 사무관 시절 한국 연수를 통해서 한국어와 한국 문화를 배웠으며, 벌써 네 번째 한국 근무를 앞두고 있던 터라, 한·일 소통의 큰 창구로 활약하리라는 기대를 한 몸에 받았다. 사실 외무성은 주요 보직에 특정 전문가보다는 업무 경험이 많은 사람을 기용하는 관례가 있었는데, 국장 경험이 없는 무토를 임명한 것은 특별한 일이었다. 일본 외무성 내에서, 한국 현지 어학연수 경험과 한반도 관련 업무를 담당한 경력이 있어야 그 일원이 될 수 있는 '코리안 스쿨' 출신의 첫 한국 대사였다.

2011년 3월 11일 동일본대지진이 발생하자 우리는 일본 지진 피해 복구 지원을 위한 국민 성금을 모았다. 이 행사에서 감사를 표하고 다닌 사람이 바로 무토 전 대사다. 일본 대사관 홈페이지에 "한국은 일본의 진정한 친구"라는 제목으로 "동일본대지진 참사 당시 마치 자신의 가족이나 친구가 피해를 입은 듯 자발적으로 일본을 돕기 위한 지원 활동을 펼치는 한국 국민의 온정에 매우 감격했다"는 글을 올렸다. 그런데 그해 3월 말 일본 정부가 독도 영유권을 주장하는 교과서의 검정 결과를 발표하면서 양국 관계는 급속히 냉각되었다. 그리고 2012년 8월 10일 이명박 대통령이 독도를 방문했을 때, 무토는 정부의 소환 조치로 12일 만에 귀국한 바 있다. 그리고 2년 2개월 만에 퇴임했다.

여하튼 40년 외교관 생활 중 12년을 한국에서 지낸 사람이다. 퇴임 후 동서대학 석좌교수로 초빙되었을 당시 그는 "일본에 한국을 알리고 한국에도 일본을 제대로 알리는 한·일 교류의 가교 역할을 하겠다"고 했다. 2013년에는 양국 관계에 기여한 공으로 한국 정부로부터 수교훈장까지 받았다. 무토 전 대사는 재임 시 대표적 '지한파(知韓派) 외교관'으로 꼽혀왔던 인물이다. 지한파는 우리나라 사람이 아니면서 우리나라 정치, 경제, 사회, 문화, 역사 등의 각 분야에 다양한 지식과 경험을 가진 사람으로 친한파와는 다르다.

## 한국인으로 태어나서 행복하다

그러니 조금만 더 그의 말을 들어보자. "나는 일본에서 시험을 치르고 외교관이 되었고 대사까지 되었다. 만약 내가 한국에서 태어났다면 가혹한 경쟁 사회의 정신적 중압감을 이기지 못했을 것이다. 온 가족은 자식을 위해서 엄청난 희생을 하지만, 이에 대한 보상을 받지 못하는 게 현실이다. 일부 고위층은 이런 경쟁에서 벗어나 잘살고 있는데, 사람들은 이것을 부러워한다. 이런 불만이 쌓이고 쌓여 있는 사회가 한국이다."

이어서 치열한 교육열과 대학 입시 경쟁, 취업난, 결혼난, 노후 생활 불안, 경제협력개발기구(OECD) 중 가장 높은 자살률 등 한국 사회의 부정적인 면을 들먹인다. '친절한 금자씨'는 아니지만 "너나 잘 하세요"라고 하고 싶은데, 슬프게도 이 부분에서는 공감할 수 있는 부분이 적지 않다. 특히 "한국에서는 대학이 인생을 결정하고, 교육비는 상식을 벗어난 수준"이라면서 과도한 대학 입시 경쟁을 운운했다. 그리고 수능 날 경찰 순찰차를 동원하고 비행기 이착륙까지 금지하는 등 모든 사회에 비상이 걸리는 실태를 꼬집었다. 나역시 사교육비로 허덕이는 현실에 대해 비판의 소리를 높여왔기 때문에 할 말이 없다. 그리고 결정적인 하나의 단어, '기러기 아빠'를 거론하며 한국에서는 남성이 여성보다 불행하게 산다는 말에 나는 두 손을 들었다.

'글로벌, 글로벌' 하면서 영어 교육이 강조되었고, 너 나 할 것 없이 대학 등록금에 버금가는 학비를 내는 영어 유치원을 선호한다. 1990년대부터 그 어린 것들을 매몰차게 조기유학을 보냈으며, 오직 자식의 영어 교육 때문에 '기러기 아빠'를 만들었고, 원정 출산이라는 어마어마한 짓도 겁 없이 감행했다. 나는 이 어느 것 하나 따라하지 못했지만, 이들의 용기와 결단력을 내심 부러워하고 질투했다. 일본도 학교는 중요하고 영어의 중요성을 모르지 않는다. 그래도 평범한 가정에서 기러기 아빠 같은 것을 생각하는 그런 나라는 아니다. 그러니 무토 전 대사의 "한국의 경쟁 사회에서 적응하고 성공하는 것은 보통 일이 아니다. 이런 와일드함이 없는 나로서는 감당할 수 있는 나라가 아니다"라는 말을 이해한다.

'타산지석'이라고 하지 않는가. 우리 아이들이 즐겁게 학교생활을 하고 사회에 진출해서는 '7포 세대' 같은 말을 하지 않고 행복한 삶을 영위할 수 있는 좋은 세상이 만들어졌으면 좋겠다. 나는 '한국인으로 태어나서 행복하다'라는 말을 하고 싶다.

# 마른 여자, 날씬한 여자, 뚱뚱한 여자

## 여자들의 먹거리

마른 여자, 날씬한 여자, 뚱뚱한 여자. 재미난 조합의 세 여자가 눈부시게 밝은 여름을 즐기며 원주로 향했다. 아침 8시 반의 만남은 가족을 떠나 혼자 사는 여자에게도, 두 아이를 등교시켜야 하는 여자에게도, 아들을 군에 보내고 빈 둥지를 지키는 여자에게도 녹록한 일은 아니었다. 아침을 먹지 못해 배가 고프다면서 이것저것 먹거리를 꺼낸다.

먼저 마른 여자가 철제 도시락을 꺼냈다. 손가락 크기로 자른 오이, 당근, 호두가 전부다. 나누어 먹자고 건네자 두 여자는 눈을 동그랗게 뜨고 "언니는 이런 거 먹고 살아? 토끼도 아니고." 이렇게 말하고 크게 웃었다. 그래도 하나씩 집어서 오도독오도독 씹는 맛이 나쁘지는 않다.

마른 여자는 마흔이 넘어 시작한 요가에 푹 빠져서 산다. 요가를 하다 보니 몸이 보내는 신호에 예민해져 맑은 음식을 골라 먹게 되었고, 제대로 배워보자는 마음으로 공부해서 자연 치유 전문가가 되었다. 여자는 고무신을 신고 천으로 만든 가방을 든다. 동물의 슬픔이 깃든 가죽 제품은 지니고 싶지 않기 때문이란다. 가방에는 항상 오이와 당근이 든 도시락이 있다. 허기와 갈증을 해소하기 위한 것이다.

날씬한 여자도 가방을 열었다. 급하게 나온다고 아이들 간식 가방을 그냥 들고 왔다고 했다. 냄새만 맡아도 버터가 녹아내릴 것 같은 쿠키, 알록달록 색깔을 뽐내는 사탕, 설탕을 듬뿍 묻힌 모양도 요상한 형광색 젤리, 번거롭게도 치즈를 찍어서 먹어야 하는 막대 모양의 과자 등등, 보기만 해도 달콤한 미소가 쏟아지는 것들이 줄줄이 나온다.

마른 여자는 전혀 관심이 없다. 운전대를 잡은 뚱뚱한 여자는 "이렇게 단 걸 어떻게 먹어? 나 더 살찌면 안 된다니까"라고 투덜거리지만, "운전하는 사람이 배고프면 안 되지" 하며 입으로 쏙 넣어주는 쿠키를 못 이기는 척 받아먹는다. "나 원래 아침 안 먹는 사람이라 배도 안 고픈데"라면서도 친절하게 치즈를 듬뿍 찍어서 건네는 과자가 맛있다고 좋아한다. 급기야 젤리 봉투를 옆에 끼고 운전을 한다.

날씬한 여자는 한약을 먹는다는 이유로 음식을 가린다. 일어나자

마자 커피부터 찾았던 사람인데 지금은 냉수 한 컵으로 아침을 시작한다고 했다. 게다가 모든 먹거리에서는 해산물을 배제했다. 멸치로 우린 국물 없이 된장찌개는 어떻게 끓이는지 모르겠다. 오일 파스타를 주문하고도 안초비를 빼달라고 할 정도로 마음 독하게 먹고 실행하는 중이다. 그러니 가방 속 과자는 온전히 뚱뚱한 여자의 몫이었다.

## 프림과 설탕을 듬뿍 넣은 커피

먹니 안 먹니 웃음으로 가득한 차는 이리 가니 저리 가니 몇 번을 헤매다 원주에 도착했다. 문인과 예술인들에게 작품 구상을 위한 공간을 지원하는 토지문화관을 찾았다. 세 여자는 조심스럽게 이사장 방의 문을 열었다. 이사장께서는 프림에 설탕을 듬뿍 넣은 걸쭉한 커피를 마시면서 우리를 기다리고 계셨다. 쭈뼛쭈뼛 서 있는 여자들에게 앉으라고 손짓하고 "뭐 드시렵니까"란다. 말이 떨어지기 무섭게 뚱뚱한 여자는 "블랙"이라고 외쳤고, 마른 여자는 망설임 없이 "이사장님과 같은 것으로 주세요", 날씬한 여자는 슬그머니 눈치를 보다가 "저도 이사장님이랑 같은 것"이라고 말했다. 뚱뚱한 여자만 빼고 모두 달달한 믹스 커피를 앞에 두고 이야기를 나누기 시작했다.

오늘부터 다이어트, 내일부터 다이어트 입에 달고 사는 뚱뚱한 여자는 궁금했다. 맑은 음식만 고집한다는 마른 여자와 먹거리를 가리는 날씬한 여자는 왜 믹스 커피를 마신다고 했을까. 그 궁금증은 돌아오는 길에 풀렸다. "언니들 믹스 커피 좋아했었어? 나만 별난 사람 같았잖아"라는 말에 마른 여자의 대답이 재밌다. 그 누군가를 알고 싶으면 그 사람과 같은 음식을 먹어봐야 한다는 것이다. 날씬한 여자도 "나도 그렇게 생각했어"라고 거들었다.

뚱뚱한 여자는 마른 여자가 평상시 한 말을 기억했다. "사람은 무엇을 먹느냐에 따라 형태, 감정, 생각 그리고 모든 능력이 변할 수 있다. 먹는다는 작업은 다른 자연의 에너지를 우리 몸에 흡수·동화하는 것이다. 그러니 무엇을 먹느냐에 따라 그 사람의 상태가 달라진다. 커피를 마시면 30분 내에 이에 반응하는 행동을 한다. 말이 많아진다거나 빨리 움직인다거나……." 그리고 이런 말도 했다. "음식은 사회적 도구다. 어떤 민족이든 같은 음식을 먹으면서 융합한다. 입이 까다로우면 친구가 되기 어렵다."

1980년대 한국에 유학 온 일본인이 여기서 끝까지 공부할 수 있느냐 없느냐는 하숙집 된장찌개를 여러 사람과 함께 먹을 수 있냐 없냐에 따라 결정된다는 말이 있었다. 커다란 냄비의 된장찌개에 이 사람 저 사람 숟가락을 넣고 국물을 떠가는 모습에 기절할 뻔했다고 유난을 떨던 일본 친구는 역시 중도에 하차했다. 일본은 하나의 그릇에 담긴 음식을 같이 먹는 것에 대해 유난히 예민하다. 가족 밥상에도 앞접시를 꼭 준비한다. 그래도 같은 음식은 같은 방법으로 먹어야 제맛이다. 그것이야말로 그 사람을 이해하는 일이고, 같이 산다는 의미다.

혹자는 우스갯소리로 "이제야 일본 사람들이 사람이 되었다"고 한다. 예전에는 냄새 난다고 피하던 마늘을 먹기 시작했기 때문이란다. 그렇다고 단군의 자손이 되는 것은 아니겠지만.

여기서 뚱뚱한 여자는 내일부터 다이어트를 하겠다고 다짐을 하면서 지금 이 순간 야식을 먹으며 글을 쓰고 있는 나 고선윤이다. 나를 알고 싶다면 모두가 잠든 조용한 밤에 매운 닭강정과 맥주 한 잔을 들이키며 행복을 느껴보기 바란다. 그리고 내일부터 본격적으로 다이어트를 하겠다고 약속하면 된다.

# 나는 돼지 농장주다

　마이크로소프트 창업자 빌 게이츠(Bill Gates)는 2000년부터 말라리아 퇴치약 개발과 살충 모기장 기부 등 말라리아 퇴치 사업을 꾸준히 벌여왔는데, 최근 46억 달러의 주식을 말라리아모기 퇴치 운동에 기부했다는 소식을 접했다. 이것으로 그가 보유한 마이크로소프트 주식의 보유율이 2.3%에서 1.3%로 내려갔다고 하니, 모기보고 칼을 빼는 어리석은 사람이라는 뜻의 '견문발검(見蚊拔劍)'을 훌륭한 인물이라고 재해석해야 하는 것 아닌가, 엉뚱한 생각을 한다.

　전 세계에서 매년 5억 명의 사람이 말라리아를 앓고, 200만 명 이상이 죽음에 이르는데 그 9할은 아프리카 사하라사막 이남에서 발생한다. 지구상에서 인간을 가장 많이 죽이는 생물이 뱀도 곰도 아닌 모기라는 사실은 새삼 놀라운 이야깃거리도 아니다. 여하튼 이런 상황인지라 말라리아에 대한 대책을 세우지 않을 수 없는데, 그 중심에 모기장이 있다.

## 스미토모화학의 사회 공헌

모기장의 대표적 기업은 일본의 스미토모화학(住友化學)이다. 스미토모화학은, 2003년 탄자니아의 모기장 브랜드 에이 투 제트 텍스타일(A to Z Textile Mills Limited)에 자사가 개발한 올리세트 넷(Olyset net)의 기술을 무상으로 전수했고, 2007년 이 회사와 합병해서 벡터 헬스인터내셔널(Vector Health International Limited) 공장을 가동했다. 직접 고용 3200명, 운송과 보수 등 주변 비즈니스까지 생각하면 3~4배의 고용 창출을 하고 있다. 한 사람의 현금 수입으로 일가를 먹여 살린다는 것을 감안해 계산하면 공장 하나가 수만 명의 생활을 유지시키는 셈이다. 모기장 생산량은 연간 1000만 장에 이른다.

올리세트 넷이란 살충제를 가미한 수지로 만든 모기장으로 모기가 닿기만 하면 죽는다. 세탁을 해도 살충 성분이 5년간 유지되는 혁신적인 모기장이다. 2001년 세계보건기구(WHO)는 이 효과를 인정하고 사용을 장려했다. 2004년 미국 ≪타임스≫에서는 "세계에서 가장 시원한 기술"로 선정했다.

사실 스미토모화학은 '사회 공헌'이 목적이라고 하는데, 주요 구입처인 유니세프 등 국제기관에서는 정당한 이윤을 확보하라고 요청했다. 사업이 계속되지 않으면 모기장 공급이 끊어질 우려가 있기 때문이다. 현재는 여러 국제기관을 통해 80여 개국에 공급되고 있으며, 스미토모화학은 이 수익금으로 학교를 짓는 등 아프리카를 위해 사용하고 있다. 또한 2008년에는 나이지리아에 연간 2000만 장을 생산할 수 있는 공장을 신설해 약 5000명의 고용 창출을 이루겠다는 계획을 발표했다. 아프리카에서는 현금 수입을 얻을 수 있는 직장이 많지 않다. 그러므로 이런 공장을 통한 고용 창출은 사회 공헌 이상의 역할을 하고 있다고 감히 말할 수 있다.

경제 주간지 ≪이코노미스트≫는 2008년 1월 호에서 말라리아 공포에서 아프리카를 구한 스미토모화학을 소개하며 "세상을 바꾸는 비즈니스"라고 칭송했다. 아프리카를 상대로 얻은 수익금 일부를 현지에 학교를 설립하는 데 투입하고, 공장 설립으로 현지인을 고용함으로써 모기장으로 사회 공헌과 이익 실현을 동시에 이룬 기업으로 주목했다.

스미토모화학은 1590년에 시작된 스미토모 금속광산 회사에서 비롯된 스미토모 그룹 산하 기업이다. 그러니 400년이 넘는 일본 최장수 기업에 뿌리를 두고 있는 셈이다. 장수 기업은 그만한 가치와 이유가 있다는 사실을 새삼 느끼게 한다. 아프리카 각지에 많은 거점과 정보망을 가지는 유럽과 미국 기업에 비교해서 늦게 진출한 일본이지만 이런 훌륭한 기업이 대두하면서 아프리카에서도 그 존재감을 과시하고 있다.

## 돼지 농장, 일자리 창출

올여름 나는 여행지 아프리카에서, 28년째 케냐에서 사업을 하는 한국인 한 사람을 만났다. 커피, 가죽 공예, 농장 등의 사업을 하는 그는 최근에 악어 양식을 시작했단다. 양돈 사업을 계획한다는 이야기도 했다. 왜 이렇게 자꾸 일을 벌이냐고 질문을 했더니 의외의 답이 나왔다. "지금 하고 있는 악어 양식은 사람의 손이 많이 필요하지 않다. 이에 비해 양돈은 10마리당 한 사람의 손이 필요한지라 돼지 수가 늘어나면 그만큼 일자리가 늘어나고, 부양하는 가족까지 생각하면 언젠가 한 동네를 먹여 살릴 수 있는 일자리가 창출된다. 그래야만 이 나라에서 사업을 하는 의미가 있다."

케냐의 전 고등교육부 차관 킬레미 므위라(Kilemi Mwira)가 이 이야기를 듣고 같이 사업을 하고 싶다고 했다. 나도 손을 번쩍 들었다. 책을 출간하고 번 돈이 조금 있으니 동참하겠다고 했다. 그래서 세 사람은 케냐 돼지 농장의 주인이 되었다.

'일자리 창출', 지금 대한민국의 키워드라고도 할 수 있는 이 단어를 아프리카 대륙에서 들으면서 참으로 많은 생각이 머리를 스쳤다. 사회 공헌이란 잘사는 누군가가 어려운 누군가에게 무조건 퍼주는 그런 것이 아니다. 어떻게 도움을 줄 것인지 고민하는 시간이 필요하고, 그 도움이 받는 이들만이 아니라 주는 이들에게도 성장의 발판이 되어야 한다. 꼭 경제적 이익만을 말하는 것은 아니다. 네 마음이 만족하고 내가 행복하다면 그것도 의미 있는 일이라고 생각한다.

# 목욕탕 개방

　우리나라 목욕의 역사는 신라 시대부터 시작되는데, 절에 대형 목욕탕이 설치되었던 것으로 보아 청결의 수단만이 아니라 종교의식의 수단으로 활용되었음을 추측할 수 있다.

　일본의 목욕 역사 역시 불교와 관련이 있다. 원래 불상을 씻는 것에서부터 시작되었는데, 승려들의 심신을 깨끗이 하기 위해 욕당(浴堂)을 마련하고 승려들이 입욕한 후에는 주변의 가난한 사람들과 환자, 죄수들에게 개방했다. 이것을 '시욕(施浴)'이라고 한다. 분명 포교를 위한 것인데, 서민의 병을 예방하고 복을 부른다는 이유로 하나의 풍속이 되었다. 8세기 중엽, 쇼토쿠 태자 때 대륙으로부터 들어온 불교 경전『불설온실세욕중승경(佛說溫室洗浴衆僧經)』은 입욕 문화 보급을 장려했는데, 여기에는 "일곱 가지 도구를 가지고 목욕을 하면, 일곱 가지 병을 없애고, 일곱 가지 복을 얻을 수 있다"라는 구절이 있다. 복 중에는 아름다운 얼굴과 피부, 향기로움이 포함되어 있으니 아름다움에 대한 인간의 욕심은 동서고금, 남녀노소 다를 바가 없다.

## 고묘 황후의 시욕 설화

나라 시대 고묘 황후(光明皇后, 701~760)의 '시욕 설화'는 일본 최초의 불교 통사인 『원형석서(元亨釋書)』에 기록되어 있다.

당시 천연두로 많은 사람이 죽자, 고묘 황후는 부처님의 자비로 중생을 구제하기 위해 나라의 홋케지(法華寺)에 욕탕을 설치해서 귀천을 불문하고 1000명의 더러움을 씻어주기로 결심했다. 그런데 1000번째로 찾아온 사람이 피부병이 심해 악취도 나고 차마 손을 댈 수가 없었다. 그래도 황후는 주저하지 않고 피고름을 입으로 빨아 뱉어 없애고 몸을 씻어주었다. 그러자 병자는 빛을 발하면서 "나는 아촉불이다. 여기서 목욕한 사실을 아무에게도 말하지 말라"라고 하고 하늘로 올라갔다. 황후는 놀라서 바라보는데 마음에는 기쁨이 가득했다.

"아무에게도 말하지 말라"라고 했건만, 이 이야기는 21세기 나의 책에도 소개되는 유명한 이야기가 되었다. 홋케지의 욕당은 탕에 몸을 담그는 입욕법이 아니라 가마솥에 물을 끓이고 그 증기를 이용하는 증기욕이다. 이후 메이지 시대까지 정월과 고묘 황후의 기일에 시욕을 위해서 불을 지폈고, 지금도 간간이 행사가 열리고 있다.

동일본대지진이 발생하자, 황실은 도치기현 소재 나스 별장(那須御用邸)의 목욕탕을 인근 피해지 사람들에게 개방했다. 사람들은 이것을 "헤이세이 시욕(平成施浴)"이라면서 크게 반겼다. '헤이세이'란 125대인 현 아키히토 천황이 황위를 계승하면서 쓰는 연호다. 천황은, 그리고 사람들은 고묘 황후의 시욕 설화를 알고 하는 말이다.

일본에서 '목욕'은 단순히 몸을 씻는다는 의미를 뛰어넘는다. 아버지가 퇴근하면 "다녀오셨습니까"라는 인사말 다음 "식사부터 하실래요, 아니면 목욕을 하실래요"라는 대화가 이어진다. 습하고 끈적끈적한 날씨, 달리 몸을 녹일 곳이 없는 일본에서 목욕은 먹을거리만큼이나 절실한 것이다. 그러니 '헤이세이 시욕'은 그 어떤 '베풂'보다도 큰 의미가 있다.

## 센토

13세기 이후 니치렌(日蓮)의 글 『니치렌 어서록(日連御書錄)』에 "탕전(湯錢)"이라는 단어가 있는 것으로 보아, 이 무렵 돈을 내고 이용할 수 있는 목욕탕이 생긴 것 같다. 에도 시대에는 본격적으로 지금의 '센토(錢湯, 일본의 대중목욕탕)'의 전신이 등장했고, 전쟁 후 도시인구가 증가하면서 센토는 여기저기에 생겨났다.

간토 지방에서는 신사와 같은 외관을 갖춘 센토를 어렵지 않게 찾아볼 수 있다. 웅장한 합각머리 지붕은 종교적 냄새를 물씬 풍긴다. 당시 사원이나 신사를 참배하는 것은 '참배' 목적 외에 일상을 탈출해 여러 사람을 만나 재미를 더하는 일이기도 했다. 센토 역시 지역 사람들에게 이에 버금가는 재미를 주고자 한 것일까.

원래 일본의 목욕이 불교에서 비롯된 것이니 이런 외관의 센토가 있다는 것이 전혀 당치 않은 일만은 아니다. 고묘 황후의 설화처럼 부처가 올 수도 있는 곳이다. 애니메이션 〈센과 치히로의 행방불명〉의 무대가 웅장한 외관의 목욕탕이라는 사실과, '강의 신'의 등장 역시 미야자키 하야오 개인의 상상 속에서 만들어진 황당한 설정만은 아니다.

서울에 공중목욕탕이 처음 등장한 해는 1925년이다. 동방예의지국에서 여럿이 옷을 벗고 목욕한다는 것을 처음에는 쉽게 받아들이지 못했다. 그러나 이제는 누구보다 목욕탕 문화를 즐기는 민족이 되었다. 세계 어디를 가도 한국 사람이 운영하는 스파나 찜질방 등을 쉽게 찾아볼 수 있다.

# 게임 속에서 활약하는 신들

　"달님을 '오쓰키사마(お月様)'라고 하면 해님은 뭐라고 해?"라는 말들이 오가더니 "아마테라스 오미카미짱인가"라는 누군가의 말에 주변 친구들이 까르르 웃는다. 다들 이 이름을 아는 모양이다. 아직 히라가나도 제대로 못 쓰는 놈들이 신화 속의 이런 긴 이름을 외우고 있다니 놀라운 일이다.

　아마테라스 오미카미는 태양신이자, 일본 천황의 조상신이다. 일본의 건국 설화는 남신 이자나기와 여신 이자나미 이야기부터 시작된다. 이 두 신이 만나서 부부가 되고 땅신, 바람신, 물신, 초목신 등 많은 자식을 낳아서 세상을 만들어간다. 그러던 어느 날 불의 신을 낳던 이자나미는 음부가 타서 죽음을 맞이한다. 이자나기는 이자나미를 잊지 못하고 황천국으로 찾아가지만, 이자나미는 이미 황천국의 음식을 먹고 인간 세상으로 돌아갈 수 없는 몸이 되었다.

여차여차 황천국에서 돌아온 이자나기는 부정한 곳을 다녀왔다고 몸을 씻는데 씻을 때마다 신들이 태어났다. 재앙의 신들이 태어나고, 재앙을 다스리는 신들도 태어났다. 길의 신, 항구의 신, 항해의 신들도 만들어졌다. 이 신들은 이름도 각각, 성격도 제각각이다. 마지막으로 왼쪽 눈을 씻을 때 태양의 신 '아마테라스 오미카미', 오른쪽 눈을 씻을 때 달의 신 '쓰쿠요미노미코토', 코를 씻을 때 바다의 남신 '스사노오노미코토'가 태어났다. 이자나기는 이들에게 각각 천상계, 밤의 세계, 바다를 맡겨 다스리도록 했다. 신들 중 가장 귀한 자들이라는 뜻으로 이들을 삼귀자(三貴子)라 한다.

## 게임 세계의 주인공

이런 이야기의 주인공 이름을 우리나라 젊은이들이 알고 있다. 그것도 학문적 이해가 배경이 된 것이 아니라, 지나가는 우스갯소리로 그 긴 이름을 내뱉을 수 있다니 전공자로서는 놀라울 따름이다. 어찌 그리 잘 아느냐고 물었더니 "게임에 나와요"라는 간단한 답이 돌아왔다. 발음도 어려운 이 긴 이름들이 게임 세계의 주인공으로 활약하고 있다는 것이다. 그리고 보니 우리 집에 굴러다니는 '유희왕' 카드 속에서 아마테라스 오미카미의 그림을 본 기억이 있다. 이렇게 현대인들에게 아마테라스 오미카미는 일본 천황의 조상신이기 이전에 게임 속에서 강한 힘을 가진 캐릭터로 먼저 존재하고 있는 것이다.

게임 세계에서 아마테라스 오미카미가 가장 센 신이냐고 물었더니 아니란다. 그보다 더 센 신들이 여럿 있다면서, 무엇 무엇이라고 발음도 꼬이는 기다란 이름을 말한다. 나름 일본 문학을 전공했다는 나도 잘 모르는 이름들이다. 여하튼 아마테라스 오미카미를 이길 만큼 강한 신들이 존재하는 모양이다.

신들만이 아니라 전국시대의 쇼군들도 게임 세계의 주인공으로 활약한다. 쇼군들은 역사 속에서 승자와 패자가 정해져 있으니 그것만으로 이미 승부가 난 것이 아니냐고 했더니 상관이 없단다. 그럴 경우도 있지만, 캐릭터 고유의 성격이 완전히 바뀌는 경우도 허다하다고 말한다. 이를테면 전국시대의 영웅 오다 노부나가가 여자로 등장하는 경우까지 있다니 원래 그 인물과는 전혀 다른, 그렇다고 원래 인물의 특징을 완전히 무시한 것도 아닌 새로운 유형의 캐릭터가 만들어지는 모양이다.

우리나라의 이순신 장군이나 강감찬 장군 같은 분은 게임 속에서 어떤 활약을 하냐고 묻자 의외의 대답을 한다. 물론 있기는 하지만, 우리의 훌륭한 장군님들을 그런 게임 속에 마구 등장시키는 것은 불경스럽다는 것이다. 그런 깊은 뜻이 있다니. 게임에 대해서 전혀 알지 못하는 나는 그들의 이야기가 재미나기만 하다.

## 아프리카에서도 아는 신

서아프리카에 있는, 이름도 생소한 부르키나파소의 학교에서 나에게 "스사노오를 아세요?"라고 질문하는 남자아이가 있었다. 한국 사람들은 잘 모르는 이름이지만 나는 일본에서 공부한 적이 있어서, 안다고 좀 잘난 척했다. 스사노오, 이른바 바다의 신 스사노오노미코토는 삼귀자의 하나인데, 맡겨진 일은 하지 않고 황천국의 엄마에게 가고 싶다고 하도 울어서 산천의 나무와 물이 다 말라버릴 정도였다. 급기야 화가 난 아버지 이자나기는 그를 추방하는데, 쫓겨난 스사노오는 이즈모 지방의 강변으로 내려가 몸이 하나, 머리와 꼬리가 8개인 괴물을 죽이고 거기서 훌륭한 칼을 얻는다. 그 칼이 바로 지상 세계 통치를 맡은 니니기노미코토가 지상으로 내려올 때 아마테라스 오미카미가 하사했다는 삼종신기(옥, 거울, 검) 중 검이라는 이야기까지 했다.

멀고 먼 아프리카 땅에 참 신기한 놈이 있구나 생각했는데, 이게 모두 다 게임 때문이었던 것 같다. 이 아이가 알고 싶었던 것은 스사노오노미코토의 이야기가 아니라, 스사노오가 등장하는 게임 세계였던 게 분명하다. 통역을 통해서 열심히 설명한 이야기를 이 아이는 어떻게 이해했을까. 삼종신기의 그 검을 구해서 게임의 일인자가 되어야지, 이런 생각까지 했을까. 궁금하다. 여하튼 아프리카의 꼬맹이까지 일본 신의 이름을 알고 있다는 것만으로도 게임의 효과는 무시할 수 없다는 사실을 인정하지 않을 수 없다.

일본에는 800만의 신, '야오요로즈노카미(八百万の神)'가 있다고
한다. 이 많은 신들은 신화 속에서만이 아니라 우리 어린아이들의
게임 속에서 다양한 이미지로 등장해 그 기능을 다하고 있다. 일본
의 조상신들은 게임을 통해서 일본만이 아니라 세계 여러 나라 아
이들에게 가까이 다가가고 있다. 내가 어린 시절 만화책을 통해서
그리스신화의 신들을 만났던 것처럼.

# 삼종신기

## 정통적 황위 계승

태양신 아마테라스 오미카미의 명을 받고 그 손자 니니기노미코
토가 천상에서 지상 세계로 내려왔다는 '천손강림 신화'가 있는데,
이때 아마테라스 오미카미가 하사한 세 가지 보물을 삼종신기라고
한다. 검[草薙劍(구사나기노쓰루기)], 곡옥[八尺瓊勾玉(야사카니노마가
타마)], 거울[八咫鏡(야타노카가미)]이다. 삼종신기는 황실에 대대로
전해지는 것으로, 이것을 소지하는 것이야말로 신의 직계 자손으로
천황의 권위를 상징한다.

삼종신기의 실물 중 거울은 이세신궁 내궁에, 검은 나고야 소재
의 아쓰타 신궁에, 곡옥은 황거의 궁에 따로 보관되고 있다. 궁의 검

새의 방(劍璽の間)에는 곡옥만이 아니라 복제된 검이 같이 봉안되어 있고, 복제된 거울은 궁의 또 다른 방 가시코도코로(賢所)에 신이 머무는 물체, 이른바 신체(神體)로 모셔져 있다. 복제라고 해도 왕권을 상징하는 신성한 것으로 그 실체는 수수께끼에 싸여 있다.

1989년 1월 7일 오전 6시 33분 쇼와 천황이 서거하자, 세 시간 반 후에 '검새 등 승계 의식'이 바로 거행되었다. 이른바 삼종신기를 계승하는 것으로 황위의 정통성과 황통의 권위를 이어받는다. 삼종이라고 하지만 거울은 신체로 모셔져 있기 때문에 사실상 검과 옥이 계승되고, 동시에 국새(國璽)와 어새(御璽, 천황의 도장)가 계승된다. 의식 거행 중에도 상자에서 꺼내지 않는다. 그러니 누구도 그 실체를 볼 수가 없다. 천황도 보지 못한다. 이세신궁과 아쓰타 신궁에 신체로 모셔져 있는 거울과 검 역시 상자에서 꺼내는 일이 없다.

이세신궁에는 20년마다 똑같은 모양의 새 신전을 짓고 제신을 옮기는 식년천궁(式年遷宮)이라는 의식이 있다. 이때 삼종신기를 이세신궁으로 가져와 행사를 진행한다. 2014년 3월 25일, 천황이 이세신궁의 식년천궁 참배를 가는 날, 삼종신기의 검과 곡옥도 함께 운반되었다. 검과 곡옥이 황거에서 밖으로 운반되는 것은 지난 식년천궁 참배 이후 20년 만의 일이었다. 도쿄역에서는 시종 두 사람이 검은 상자에 든 검과 곡옥을 들고 신칸센에 올라탔다. 검과 곡옥은 천황이 탄 차량에 마련된 전용석에 안치되었다.

중국의 황제는 하늘을 대신해서 세상을 통치하는데, 황제가 덕을 잃으면 천명에 따라 왕조의 성이 바뀐다. 바로 역성혁명이다. 새 왕조가 탄생하고 새로운 최고 권력자가 등장한다. 그러나 일본 천황의 자리는 힘으로 빼앗을 수 있는 것이 아니다. 천손강림 신화에서 비롯된 천황가는 혈연으로만 계승이 가능하다. 고로 일본 역사에서 천황의 존재가 뒷방으로 물러난 적이 적지 않지만 그래도 천황가는 없어지지 않았다. 설사 시대의 권력자가 천황가를 없앤다고 해도, 그 스스로 천황을 자처할 수는 없다. 이런 이유로 일본 천황가는 동일 왕조가 개창에서 현재에 이르기까지 이어진, 세계에서 가장 오래된 왕가다.

## 삼종신기가 상징하는 것

신화를 사실로 보는 이는 없다. 신화란 오랜 시간 사람들의 입을 통해서 만들어진 이야기다. 그러니 이 이야기가 품고 있는 속이야기가 더 많은 의미를 담고 있다. 여기서 왜 하필, 지상 통치를 위해서 강림하는 니니기노미코토에게 아마테라스 오미카미는 이 세 가지를 하사했을까. 즉, 삼종신기는 각각 무엇을 상징하는 것일까. '통치자', '거울', '검', '옥' 이런 키워드를 가지고 그들이 생각한 리더십에 대해서 생각해본다.

수업 중에 삼종신기에 대해서 이야기하는데 똑똑한 한 학생이 "지도자를 상징하는 것으로 옥은 풍요로움, 검은 힘이라는 것을 알겠는데, 거울은 무엇이지요?"라는 질문을 했다. 한 학생의 "미모"라는 말에 모두가 웃었다. 그래, 지도자는 그 풍채도 중요하다. 그래도 이건 아닌 것 같고, 공부 부족에 살짝 당황하면서 아마테라스가 니니기노에게 하사할 때, 옥과 검에 대해서는 아무 말이 없었지만 거울에 대해서는 "거울 보는 것을 나를 보는 것처럼 하라"고 했다는 이야기를 들먹이면서 하늘에 대한 '제사'를 운운했다.

이때 또 한 친구가 말했다. "제사장이 청동거울을 목에 걸고 나타나면 빛을 반사해서 번쩍거리니, 사람들은 특별한 능력을 가진 것으로 믿겠는데요." 그렇다면 이건 권위를 상징하는 '속임수'라는 말일까. 여하튼 거울은 빛이 있어야 사물을 비출 수 있는 물건이다. 통치자는 밝고 투명해야만 그 존재가 인정된다는 의미일 수도 있겠다. 헤이안 시대 후기 무사 계급이 대두하자 사람들은 과거의 영광을 그리워하면서 역사의식을 갖게 되었고, 덩달아 역사가 담긴 이야기책이 유행했다. 『오카가미(大鏡)』니 『이마카가미(今鏡)』 등이 그것인데, 제목에 거울을 뜻하는 '가가미(鏡)'가 들어가 있다. 역사를 분명하게 그려내는 훌륭한 거울이라는 뜻을 가진다고 들었다.

사실 삼종신기는 신성한 것이라서 학술적 조사가 거의 이루어지지 않는데, 예로부터 전해오는 몇 가지 해석이 있다. 14세기의 정치가 기타바타케 지카후사(北畠親房)는 "검은 지혜, 옥은 자애, 거울은 정직"이라면서 천황은 이 세 가지 덕을 가지고 나라를 통치해야 한다고 강조했다. 에도 시대의 구마자와 반잔(熊澤蕃山)은 유학자의 입장에서 "검은 용(勇), 옥은 인(仁), 거울은 지(智)"를 의미한다고 주장을 했다. 그들의 주장을 전적으로 납득할 수는 없지만, 거울을 정직이라고 하는 것은 거울이 어떤 것도 가리지 않고 만물을 비추기 때문이다. 지식 또한 명백한 것이므로 정직하다. 고로 거울은 정직이고 '지'에 해당한다는, 일맥상통한 해석이 가능하다.

신도학을 전공한 역사작가 도야 마나부(戸矢學)는 최근에 출간한 『삼종신기가 말하는 천황의 기원』에서 "삼종신기는 하늘이 천황을 선택했다는 증거가 아니라, 단지 천황의 상징으로 기능했다. '검'은 군사권을, '곡옥'은 백성을 통치하는 권력을, '거울'은 하늘에 제사 지낼 권리를 각각 상징한다. 이 세 가지를 가신으로부터 위탁받는 것으로 천황은 군사, 정치, 종교의 통치자가 된다"고 기술하고 있다. 그러고 보니 쇼와 천황 서거 후 바로 거행된 '검새 등 승계 의식'에서 천황이 아랫사람으로부터 상자에 든 이것들을 받는 사진을 본 적이 있다. 이 자리에는 내각총리대신, 최고재판소장관, 참의원·중의원의 양 의원장 등 삼권의 장들이 함께 있었다. 하기야 지금의 천황은 상징천황인지라 의식 역시 상징적 의미 외에는 아무것도 없다. 천황은 행정, 사법, 입법 어느 것 하나 관여할 수 없다. 여하튼 모두 상당히 어려운 말들을 하는데, 이것이 바로 정답이라고 할 수 있는 것도 아니다.

미래학자 앨빈 토플러(Alvin Toffler)는 1990년에 출간한 『권력이동』에서 권력의 원천을 언급하며 일본의 삼종신기를 들먹였다. '검'을 힘, '옥'을 부, '거울'을 지식에 대응시키고 고대로부터 내려오는 인류 권력의 원천은 폭력, 재력, 정보력이라고 해석했다. 그리고 힘은 저품질 권력, 부는 중품질 권력, 지식은 고품질 권력으로 분류한 다음, 21세기 전 세계적 권력 투쟁에서는 지식의 장악, 이른바 정보력이야말로 권력의 진정한 핵심 수단이 될 것이라고 전망했다. 또한 지식은 결코 소진되는 법이 없다고 말하며, 약자나 가난한 자도 소유할 수 있는 지식의 생산성으로 폭력과 부의 파괴적이고 편향적인 비민주적 낭비와 횡포를 제어할 수 있을 것이라고 예측했다.

삼종신기의 그 의미는 시대를 달리하고 다르게 해석되겠지만, 여하튼 삼종신기는 지도자가 가져야 할 덕목이다. 오늘 우리의 지도자에게 요구되는 삼종신기는 무엇일까. '경제', '국가 안보'는 당연한 것이다. 무슨 말이 필요하겠는가. 여기에 하나 더, '현명한 거울'을 가진 자이면 좋겠다. 정직하고 투명한 사람으로, 역사의 거울을 보고 연마하는 그런 지도자면 좋겠다.

# 신사에서의 결혼식

　마흔 노총각 동생이 장가를 간단다. "이즈모 대사(出雲大社)에서 작은 결혼식을 하니 참석하기 바란다"라는 짧은 메시지가 반갑고 고마웠지만, 이건 아니라고 생각했다. 일본에서 태어난 것은 아니지만 다섯 살 때부터 일본에서 살았고, 신부도 일본 사람이다 보니 특별한 이야기가 아닐 수 있다. 하지만 일본의 신들을 모시는 신사에서 결혼식을 하는 것은 반대해야 하는 일이라고 총대를 메었다. "우리 아들 대통령 출마할 때 지장 있으니 신사에서의 결혼식은 안 된다." 아주 짧은 메시지를 보내면서 까칠한 예비 시누이의 역량을 한껏 발휘했다.

## 일본의 종교, 신도

인간이 땅에 발을 딛고 살면서 벗어나지 못하는 자신의 한계를 자각할 때, 인간은 인간의 힘을 초월하는 '신'을 찾고 거기에 두 손을 모았다. 신도는 일본인의 자연숭배에서 비롯된 토착 신앙이다. 일본 최초의 통일 국가로 여겨지는 야마토 시대 왕족은 신도의 의식을 통해서 정통성을 확보했는데, 이때의 신도란 특정 종교라기보다는 신을 의식하는 모든 행위를 의미했다.

6세기 중엽 불교가 전래되고, 비로소 신도는 불교와 구분되는 특정 종교로 인식되었다. 잠시 서로 대립하기도 했지만 상호 영향을 주고받으면서 '신불습합(神佛習合, 신도와 불교의 융합)'을 이루고, 일본 특유의 모습으로 성장했다. 에도 시대에 유교가 들어오자, 신도는 주자학의 영향으로 불교에서 벗어난 교의를 재정립했다.

메이지 시대 천황이 주권을 가지는 나라를 만드는 과정에서 배불운동, 신불 분리가 추진되고 신사는 나라의 제사를 맡는 대일본제국의 국교, '국가 신도'가 되었다. 천황의 조상신을 숭배하고 천황을 절대적으로 신격화하면서 신도는 전국적으로 통일된 종교로 조직화되었다. 학교에서는 신도의 교의를 교육했다. 그런데 2차 대전 후, 1945년 12월 15일 연합군 최고사령부는 일본 정부에 대한 각서 '신도지령'을 내렸다. 각서는 종교의 자유, 군국주의 배제, 국가 신도 폐지 등을 골자로 한, 정교분리를 위한 내용이었다. 연합군 최고사령부는 '신=천황이 다스리는 신의 가호를 받은 나라', 더 나아가

'성전(聖戰)' 등의 사상이 신도에서 비롯된 것으로 보았다. 1946년 쇼와 천황의 '인간 선언'도 이런 선상에서 이루어졌다.

## 인연을 맺는, 인연을 끊는 신사

불교에는 부처님을 모시는 사찰이 있고, 신도에는 신을 모시는 신사가 있다. 전국에 약 8만 5000개의 신사가 있다고 하는데 등록되지 않은 것까지 치면 10만 개가 넘는다. 엄청난 수에 놀라운데 더 놀라운 것은, 일본의 신을 '야오요로즈노카미(八百万神)'라고 표현하는 만큼 많은 신들이 존재하고 어떤 신을 모시냐에 따라 소원을 들어주는 내용도 다르다는 점이다. 신화 속의 신들만이 아니다. 황실의 조상, 특정 씨족의 조상 그리고 역사 속 실존 인물도 신으로 만들어서 모신다. 그러니 우리가 아는 도요토미 히데요시도, 도쿠가와 이에야스도 신이 되어서 모셔지고 있다.

동생이 결혼식 장소로 지목한 이즈모 대사는, 일본 건국 설화에 등장하는 오쿠니누시를 모시는 신사다. 오쿠니누시는 인연을 맺어 주는 신으로 유명하다. 대개 신사의 본전 앞 배전(拜殿)에서 두 번 박수를 치고 기둥에 매달린 두꺼운 밧줄을 당겨 종소리를 내는 것으로 본전에 모신 신에게 자신을 알린다. 그런데 이즈모 대사에서는 네 번 박수를 친다. 두 번은 나를 위해서 두 번은 미래의 짝꿍을 위해서란다.

오쿠니누시에 얽힌 설화는 이렇다. 오쿠니누시는 형들과 함께 이

나바에 사는 야가미히메에게 구혼을 나선 길에서, 어려움에 처한 토끼를 구해준다. 토끼는 감사의 뜻으로, 공주가 형들의 청혼을 물리치고 오쿠니누시와 결혼하도록 돕는다. 그래서 이즈모 대사에는 토끼와 관련된 조형물이 참 많다. 신사에서 사람들은 "내 사랑이 이루어지게 해주십시오"라는 기도도 하고, 신사 경내를 둘러보고, 사랑하는 연인들에게는 참 좋은 곳이다. 오쿠니누시를 모시는 신사는 이즈모 대사만이 아니라 전국에 여럿 있다. 교토의 지슈 신사(地主神社)에는 '사랑을 점치는 돌'까지 있다. 눈을 감고 똑바로 걸어 이쪽 돌에서 저쪽 돌까지 가면 사랑이 이루어진단다.

규슈의 다자이후텐만구는 헤이안 시대의 문인 스가와라 미치자네(菅原道眞)를 학문의 신으로 모신다니 수험생이 있는 집에서는 찾아가서 부적 하나 사 오고 싶은 것이 사람의 마음이다. 아이를 가지면 순산의 신을 모시는 신사를 찾을 것이며, 차를 사면 교통안전에 영험한 신사를, 사업을 시작하면 돈과 관련이 있는 신사를 찾는다.

사람들은 저마다 다른 소망을 갈구하고, 그 소망을 들어주는 신들의 능력 역시 다르다고 보는 것은 전지전능한 유일신을 말하는 종교와는 다르다. 신 역시 그들만의 스토리를 가지고 이미지를 만든다. 이것이 인간의 희로애락 속에서 어우러지고 사람의 마음을 어루만지면서 오래오래 신의 자리를 지킨다.

인연을 맺어주는 영험한 신사가 있다면 인연을 끊어주는 데 영험한 신사도 있다. 나쁜 인연을 끊고 좋은 인연을 만나고 싶다는 염원으로 찾아가는 신사다. 각자의 소원을 적어서 달아둔 나무판에는

"담배와 인연을 끊고 싶다"는 애교스러운 글귀가 있는가 하면 "우리 남편 다시는 바람피우지 않기", "남자 친구와 헤어지고 싶다" 등 남녀 애정사와 관련된 글이 유독 많은데, "죽어라"라는 글까지 있으니 섬뜩하다. 미래를 약속한 남자 친구랑 '사랑을 이루어주소서'라면서 룰루랄라 신사를 찾았던 사람이 모자를 푹 눌러쓰고 한숨을 쉬면서 이런 신사를 찾아 '인연을 끊고 싶습니다'라고 소원을 빈다고 생각하니 쓴웃음이 나온다.

열정적 사랑의 유효기간이 900일이라고 하던가, 3년이라고 하던가. 남녀가 만나서 사랑을 하고 한 생명을 탄생시켜서 최소한의 손이 필요한 시간만큼 허용된 '열정적 사랑'의 시간, 이것은 신이 만든 것일까, 뇌의 과학일까. 여하튼 이런 사람 마음의 움직임까지 받아주는 기괴한 신사가 있다는 것을 일본의 독특한 신앙의 '아량'으로 이해하는 것은 지나친 생각일까.

많은 일본인은 산 자의 의식은 신사에서, 죽은 자의 의식은 사찰에서 치른다. 사람은 살아생전 어떤 삶을 영위했든 간에 죽으면 모두 부처가 된다고 생각한다. 그래서 "돌아가셨습니다"라는 말을 "부처가 되었습니다"로 표현한다. 우리 아버지도, 할머니도, 이웃 동네 목사님도 모두 모두 부처가 되었다. 그러니 특별히 종교를 의식하지 않고 정월 초하루에는 신사를 참배하고, 조상을 추모하는 8월 오본(お盆)에는 사찰을 찾는다. 출생 의식은 신사, 장례는 사찰, 결혼식은 사진이 예쁘게 나오는 교회. 이런 조합이 전혀 특별하지 않다. 일본은 원래 다신교인 신도의 나라다. 이런 신이건 저런 신이건 나

에게 복을 주는 신이라면 어떤 신이라도 마다하지 않는다. 일본에서는 사월초파일도 크리스마스도 공휴일이 아니다. 더 많은 다양한 종교를 의식하고 있기 때문이 아닐까 생각한다.

결국, 동생은 결혼식을 올리지 않고 혼인신고부터 했다. 이렇게 나는 못된 시누이 노릇을 톡톡히 하고 있다. 그래도 어쩔 수 없다. 우리 아들 대통령 하려면 외삼촌이 일본의 조상신을 모시는 신사에서 결혼했다는 그런 이야기가 있으면 안 되니 말이다.

# 얄미운 막내며느리의 변명

나는 큰딸이다. 엄마도 큰딸이기 때문에 외가 사촌들 사이에서는 대장이다. 바로 손아래 동생과는 여섯 살이나 차이가 나니 나의 위상은 대단하다. 때로는 이모, 삼촌들이랑 같은 서열이라고 착각을 할 때도 있다. 막내 이모가 나와 딱 10살 차이가 나는데, 젊은 엄마의 딸인 나를 질투했다. 가방도 필통도 머리핀도 내 것을 탐내, 힘으로 또는 감언으로 가져갔다.

1990년대 개인용 컴퓨터가 급속히 보급되었다. 한국전자공업진흥회에 따르면 1984년 말 2000대였던 PC가 1992년 말 311만 4000대로 늘어났다고 하니 8년 만에 무려 1550배 이상 늘어난 수치다. 이 수치는 바로 세상의 변화 속도를 의미한다. 이 시기에 나는 직장 생활을 시작했다. 고로 외가 식구 중 세상 변화의 가장 앞자리에 있는 사람으로 인식되었다. 동생들의 연애 상담만이 아니라 삼촌의 비자금 상담까지 했으며 급기야 그 통장을 내가 보관하기도 했다.

여하튼 내가 말하고 싶은 것은 나는 인정받는 사람이었다는 것이다. 인정받는다는 것은 자존감과 이어지면서 스스로를 '참 괜찮은 사람'이라고 여기며 우쭐하게 하기도 하지만 동시에 상당한 책임감을 느끼게 한다. 솔선수범까지는 아니지만, 나는 상대가 나의 행동에 실망할까 내 몸을 아끼지 않고 살았다.

## 막내며느리가 할 수 있는 일

29살, 당시로서는 적지 않은 나이에 결혼을 했다. 2남 2녀 중 막내에게 시집을 갔으니 나는 막내며느리다. 시어른들도 어렵지만 큰시누가 나보다 12살 위 띠동갑이니 '언니'가 아닌 '형님'이라는 호칭이 쉽게 나왔다. 큰동서와는 두 살밖에 차이가 나지 않지만 일찍 결혼해서 살림을 맡아온 큰집 며느리인지라, 정신연령으로 따진다면 나와 열 살은 더 차이가 나는 사람이다.

사람은 상대적이다. 자리가 사람을 만든다고 했던가. 시댁에서 나는 철없고 어리고 아무것도 모르는 막내며느리다. 뭘 해도 불안한 존재다. 나도 처음에는 잘하고 싶었다. 동서처럼 부추전을 얇게 부치고 싶었지만 태우기만 하면서, 결국 제사상에는 오르지 않는 고구마전만 부치는 신세가 되었다. 동서가 나물을 삶고 무치는 동안 나는 뒤에서 우두커니 설거짓거리만 기다렸다. 차례상을 차리는 일에 주인의식 없이 동참한다는 것은 참 재미없는 일이다. 어떻게 하면 앉을까 누울까 꾀만 난다.

명절만의 문제가 아니다. 집안 대소사에서도 막내는 좋은 의미에서든 나쁜 의미에서든 열외다. 시댁 식구들은 모두 대구에 있고 우리만 서울에 살다 보니 거리적 요인도 크다. 그렇다고 그것만은 아니다. 우리 남편보다 네 살 위인 형은 장남이라 경제적으로, 정신적으로 그 역할을 십분 감수하고 있으며 동서 역시 완벽한 맏며느리다.

그러니 칭찬은 동서 몫이고 나는 항상 꾸지람의 대상이다. 조카들 밥에 후리가케를 뿌려 먹인다고 혼나고, 손님상에 알탕을 올렸다고 혼났다. 후리가케는 조미료 덩어리고, 알탕은 콜레스테롤 덩어리란다. 이렇게 뭘 해도 혼나는 게 일이다. 뭘 해도 인정받지 못하는 사람이다.

시어머니 생신이라고 동서가 모피 코트를 선물했다. 엄청 비싸 보인다. 싱글벙글 좋아하시는 어머니께 동서는 말도 참 예쁘게 한다. "어머니 새벽기도 가시는데 이제 걱정이 안 되겠어요." 이 상황에서 "어머니 축하드려요. 오래오래 건강하세요" 하고 달랑 화장품 하나 내미는 손이 부끄러웠지만 막내며느리는 막내며느리의 역할이 있다.

"어머니 너무 예뻐요. 저도 한번 입어볼게요." 분위기 파악이 전혀 안 되는 막내며느리의 행동이 싫지만은 않은지 "그래 너도 한번 걸쳐봐라"면서 벗으신다. 동서의 어머니에 대한 마음, 어머니의 맏며느리에 대한 사랑은 어차피 따라갈 수 없으니 이렇게 푼수 짓을 하고 웃는 게 막내의 역할이라고 생각한 건 어제오늘 일이 아니다.
"형님이 담근 김치가 난생 먹어본 김치 중 가장 맛있었어요" 하고 한
포기 얻어오고, "형님이 부치는 전은 예술이에요"하면서 옆에서 입
맛을 다신다.

## 미움받을 용기

명절 연휴가 끝나면 동네 아줌마들은 허리가 아프니 옆구리가 쑤
시니 하면서 찜질방에 가자고 부른다. 여기선 어느 집 할 것 없이
시댁 이야기다. 솔직히 자랑은 없고 흉만 있다. 단골 메뉴는 싸가지
없는 손아랫동서 이야기다. 어쩜 저렇게 얄미울까 동조하면서 듣다
보니 모두 내 이야기다. "그래도 형님보다 잘하겠다고 나대는 것보
다는 낫지 않아요. 얄미운 손아래 동서가 있어야 손위 동서가 빛나
는 거 아니겠어요." 조심스레 말했다가 된통 혼났다.

찜질방 구석에 『미움받을 용기』라는 제목의 책을 옆에 두고 자
는 사람이 있다. 곁눈으로 슬쩍 읽어보니 "모든 고민은 인간관계에
서 비롯된다. 우리는 인간관계로부터 자유로워지기를 갈망한다. 하
지만 우주에서 혼자 사는 것은 불가능하다. 자유란 무엇인가. 자유
란 타인에게 미움을 받는 것이다"라는 글이 보인다. 아들러 심리학
을 연구하는 기시미 이치로(岸見一郎)와 프리랜서 작가 고가 후미타
케(古賀史健)의 저서다. 두 사람은 "인간은 누구나 지금 이 순간부터
행복해질 수 있다"라고 할 만큼 아들러 심리학에 심취한 사람이다.

집으로 가는 길에 이 책이나 사 봐야겠다.

　사실 누구도 미움받기를 원하지 않는다. 어쩌면 개인보다는 '전체'를 중요하게 생각하는 일본 사람들이야말로 그 점에서 더 심할 것이다. '혼네(本音, 본심)', '다테마에(建前, 표면상 대응)'라는 단어를 운운하며 일본 사람은 음흉하다고까지 생각하는데, 사실 이 두 개의 단어는 상대가 어려워하지 않도록 마음을 쓴다는 '기쿠바리(気配り, 배려)'에서 비롯된다. 나보다는 남을, 더 나아가 공동생활을 더 중요하게 생각하는 일본 사회에서 미움받을 용기란, 한국의 막내며느리가 생각하는 정도가 아닐 것이 분명하다.

# 살아 있는 전설 플라시도 도밍고

플라시도 도밍고 내한공연 티켓을 손에 넣고, 나는 지금 엄청 잘 살고 있다고 확신하고, 자만했다.

## 도밍고 도쿄 콘서트

2011년 3월 11일 동일본대지진 이후 해외 스타의 일본 방문 거부로 공연이 잇따라 취소되거나 연기되는 가운데 변함없는 모습으로 무대에 오른 아티스트들이 몇 있었는데, 그중 한 사람이 플라시도 도밍고였다. 4월 10일 예정대로 도쿄 콘서트를 개최하면서 그는 "특별히 의미 있는 무대라고 생각하고 왔습니다. 나도 멕시코 지진으로 많은 지인을 잃었기 때문에 여러분의 마음을 잘 압니다. 언젠가 반드시 굳건한 마음을 되찾는 날이 온다는 사실을 여러분도 믿으시기 바랍니다"라고 말했다. 그러고는 초등학교 교과서에도 실린 일본의 노래 「고향」을 서툰 일본어로 불러서 커다란 감동을 남겼다. 음악을 가지고 깊은 슬픔에 빠진 일본인의 마음에 희망의 빛을 밝혔다는 찬사를 받았다.

2013년 10월 도밍고의 일본 공연도 많은 주목을 받았다. 주일 스페인 대사관은 일본과 스페인 교류 400주년을 기념하는 행사의 하나로, 스페인 출신의 오페라 가수 도밍고를 문화 대사로 초빙했다. 친선 대사인 황태자도 공연장을 찾아 더욱 화제가 되었다. 도밍고는 문화 대사로 임명되었을 뿐 아니라 일본의 권위 있는 프리미엄임페리얼상(Premium Imperial Award, 高松宮殿下記念世界文化賞)까지받았다. 이 상은 1988년 창설된 것인데 회화·조각·건축·음악·연극영화 각 분야에서 세계적으로 뚜렷한 업적을 남긴 예술가에게 매년수여하는 상이다. 메달과 감사장, 상금 1500만 엔이 수여된다. 우리돈으로 1억 5000만 원에 달한다.

여하튼 일본에서 건축가로 살고 있는 동생은 거금을 들여 이 공연을 보러 갔었고, 본인은 "화려한 싱글이며 멋진 예술가의 삶을 살고 있다"고 자랑했다. 하루하루 빠듯하게 사는 '아줌마'는 부러울 따름이었다.

## 동생의 음악 사랑

버블 붕괴 이전 '일등 국가 일본'을 운운하던 1970~1980년대에 일본은 미국도 곧 따라잡는다는 기세로 성장하고 있었고 세계는 이를 부정하지 않았다. 서구의 지식인들 사이에서는 '젠(禪)'이 유행했고, 미 서부를 중심으로 스시를 모방한 캘리포니아 롤이 등장했으며, 액션 영화에는 닌자가 어김없이 등장했다. 그리고 세계의 스타들이 일본을 찾았다. 브라이언 아담스(Bryan Adams), 앤스랙스(Anthrax), 리처드 막스(Richard Marx), 브라이언 페리(Bryan Ferry) 등이 일본의 거대 공연장에서 콘서트를 열었다.

동생은 어렸을 때부터 음악을 좋아했다. 아르바이트해서 모은 돈으로 겨우 구석 자리 하나 구하고 몇 날 며칠을 황홀해했다. 편의점에서도 일했지만 특별히 일당이 센 일을 찾기도 했다. 영안실에서 시체를 관리하는 일을 했었고, 공사장 청소도 했다. 도로 공사장에서 빨간 전기봉을 들고 지나가는 차들을 다른 길로 안내하는 일도 했다. 비가 오는 날이면 엄마는 위험한 일이니 하지 말라고 말렸지만 "걱정 마세요, 누구 아들인데" 하고 나갔다. 지금도 그렇지만, 학생 신분에 그가 좋아하는 공연을 하나 보려면 몇 달을 일하고 모아도 모자랐다.

언제던가 동생은 리차드 클레이더만(Richard Clayderman)의 콘서트장에서 아르바이트할 기회를 얻었다. 공연이 끝나는 순간까지 무대 쪽으로 얼굴 한 번 돌리지 못하고 관객을 바라보고 있어야 했지만 행복했다고 한다. 등 뒤에서 들려오는 피아노 음률에 눈물이 쏟아졌다는 말도 덧붙였다. 1983년 도쿄 고라쿠엔 구장에서 개최한 야외 별밤 콘서트에는, 어렵게 표를 구해 같이 갔었다.

2014년 11월 올림픽공원 체조경기장에서 플라시도 도밍고의 공연이 있었다. 우리 가족은 일찍 저녁을 먹고 공연장을 찾았다. "STAFF"라는 글자가 적힌 옷을 입은 젊은이들이 엄청난 수의 사람들을 안내했다. 나중에 안 사실이지만 1만 명이나 되는 사람들이 공연장을 찾았다고 한다. 티켓 속 사진의 젊고 깔끔한 모습의 도밍고는 백발에 흰 수염까지 영락없는 할아버지였다. 그래도 좋았다. 정말 좋았다. 앙코르곡으로 「베사메 무초」를 부를 때는 목이 아프도록 소리를 질렀다.

이 시대 살아 있는 전설과 함께 한 세 시간을 오랫동안 기억하겠다는 다짐과 함께, 전설과 함께 할 수 있는 나는 참 좋은 나라에서 참 잘 살고 있다고 만족했다. 도쿄의 작은 집에서 예술가 운운하는 동생에게도 자랑할 일이 생겼다.

# 삶은 비극인가 희극인가

## 비극 명사, 희극 명사

무라카미 하루키(村上春樹)가 가장 존경한다는 작가 다자이 오사무(太宰治, 1909~1948)의 자전적 소설 『인간실격』에 '희극 명사와 비극 명사 알아맞히기 놀이'가 있다. "부끄럼 많은 생애를 보냈습니다"라는 문장으로 시작해서 "그저 모든 것은 지나갈 뿐입니다"라는 문장으로 끝나는 이 소설의 주인공 오바 요조가 발명한 놀이인데, 그는 이를 두고 세상 어느 살롱에도 없었던 기발한 것이라면서 뿌듯해한다. "명사에는 남성 명사, 여성 명사, 중성 명사와 같은 구별이 있다. 그렇다면 희극 명사, 비극 명사의 구별노 있어야 마땅하다"리는 문장으로 이야기가 시작된다.

이를테면 기선과 기차는 비극 명사이고 전동차와 버스는 희극 명사다. 왜 그런지 이해를 못 하는 자는 예술을 논할 자격이 없다고 하니 더 따져볼 엄두가 나지 않는다. 요조의 친구 호리키는 척척 알아맞힌다. 나 역시 고개를 끄덕이면서 동조한다. 정확한 설명은 불가능하지만 굳이 말한다면 기선이나 기차는 부두의 이별, 기적 소리 같은 것을 연상케 하니 비극 명사일 것이고 전동차와 버스는 봄날 나들이, 가벼운 만남이 떠오르니 그래서 희극 명사일 것이라고 마음대로 생각한다.

담배와 주사는 비극, 약과 의사는 의외로 희극, 죽음도 희극이고 목사와 스님도 희극이란다.

그렇다면 삶은 비극이로군.
아니, 그것도 희극.
아니, 그러면 뭐든지 다 희극이 되어버리지 않나?
그리고 "만화가는?"이라는 대사가 이어진다.


'퇴폐의 미' 내지 '파멸의 미'를 기조로 하는 다자이 문학의 결정체라고 할 수 있는 『인간실격』은 패전 후 정신적 공황 상태에 빠진 일본 젊은이들에게 열렬한 지지를 받았고 지금도 꾸준한 사랑을 받고 있다. 나쓰메 소세키(夏目漱石)의 『마음』과 누적 판매 부수 1, 2위를 다투면서, 문고판만으로도 670만 부가 넘게 팔렸다. 우리나라에도 많은 팬이 있다. 졸업 후 나의 첫 직장이 출판사였는데, 당시 편집장이 다자이 오사무의 팬이었다. 이건 1990년대의 이야기라 그렇다 치고, 며칠 전 최인아책방에 갔더니 주인이 추천하는 책 중 하나가 『인간실격』이라 이 책이 여전히 관심을 받고 있다는 사실에 다시 한번 놀랐다.

주인공과 친구가 삶을 비극이라고, 희극이라고, 아니 희극이 아니라고 되풀이하는 이 작품을 떠올리며 묻는다. 여하튼 삶은 비극인가 희극인가. 한 해를 마무리하고 또 한 해를 시작하는 시점에서 나는 다시 생각한다.

## 소중한 나의 삶

올겨울은 유난히 춥다. 그래도 동문회를 찾았다. 졸업하고 많은 시간이 지났지만 처음 찾아가는 동문회다. 매년 초대장을 받았어도 참석하지 않은 까닭은 솔직히 내가 뭘 하고 사는지 설명하기가 어려웠기 때문이다. 반짝이는 명함을 내미는 선후배들 앞에서 나는 한없이 초라해질 것이 뻔했다.

사실 동창이란 참 어려운 존재다. 같은 시간, 같은 공간에서 무리를 이루고 미래를 이야기하며 꿈을 좇던 이들이 긴 시간을 사이에 두고 다른 공간에서 다른 현실을 살고 있다. 그래도 지난 한때 함께 했던 시간 때문에 우리는 다르지 않다고 '다름'을 인정하지 않으려 하지만, 사실은 그래서 더 다르게 살고 있는 공간을 의식하지 않을 수 없는 존재다.

내 뒤꽁무니만 따라다니며 보채는 아이들을 달래고, 넥타이를 매고 허겁지겁 뛰어나가는 남편의 밥상을 차리고 또 차리면서 하루를 보내는 날도 있었다. 강의 준비를 해야 했고 논문 때문에 다른 일에는 집중할 수 없는 시간도 적지 않았다. 그렇다고 부자가 된 것도 아니고, 상을 받은 것도 없다. 매일매일 사건이 있었고, 매일매일 웃음이 그리고 슬픔이 있었다.

크리스마스 장식의 불빛 아래에서 서로의 근황을 물었다. 10년 만에 만난 이도, 20년 만에 만난 이도 반갑단다. 화려한 이력의 친구 앞에서는 살짝 주눅도 들었지만, 그냥 "잘 살고 있다"는 말로 나를 설명했다. 다들 '삶은 희극이다'는 표정을 지었고, 나 역시 그런 표정으로 답했다.

꽁꽁 얼었던 눈이 녹아 눅눅한 아침, 느릿한 하루를 맞이하면서 친구들을 기억하고 다시 '삶은 비극인가 희극인가'를 생각한다. 그리고 답을 찾는다. "삶은 가까이에서 보면 비극이고, 멀리서 보면 희극이다." 콧수염이 돋보이는 얼굴에 지팡이를 들고 뒤뚱뒤뚱 걷는 희극인 찰리 채플린의 말을 기억한다. 20년 하고도 더 많은 시간이 지난 먼 곳에서 나와 친구들의 삶은 희극일 수밖에 없었다. 나의 비극을 내보이기에는 친구들과 내가 그동안 너무 멀리 떨어져 있던 것이다.

나의 비극을 이야기할 수 있는, 나의 비극을 보일 수 있는 내 주변 사람들이 소중하게 느껴지는 아침이다. 요란히 울리는 자명종 시계, 눈만 뜨면 배고프다는 사람, 두들겨 패도 일어나지 않는 아들

놈. 나의 소소한 일상은 비극이라고도 희극이라고도 할 수 없지만, 아니 비극일 수도 희극일 수도 있지만, 중요한 것은 면면이 모두 소중한 나의 삶이라는 사실이다.

# 성숙한 정체성

　연말 동창회 모임의 사회를 맡았다. 처음 참석한 선배가 있어서 소개해야 하는데, 누군가가 우리 지도교수의 누님이라는 말을 하기에 "김태희 선배님은 우리가 존경하는 김 아무개 교수님의 누님이십니다"라고 소개했다. 그랬더니 선배는 마이크를 잡자마자 "나의 정체성은 어디서 찾아야 할까요"라면서 말을 시작했다.

　항상 누구의 딸, 누구의 아내로 소개되는데 이것도 부족해서 누구의 누나로 소개되니 좀 억울하다는 이야기였다. 게다가 이름까지 유명 연예인과 같아서 독립적 존재감이 희석된다는 말에는 모두가 웃음으로 답했다. 김태희 선배는 대학에서 학생을 가르치면서 상당한 연구 업적을 남기고 계시는 분이지만, 선친이 이름만 대면 알 만한 사람은 더 이는 유명한 학자이고, 남편 역시 현 정치인이다 보니 자신을 설명하는데 항상 수식되는 그들의 그림자가 거추장스럽기 까지 하다고 말했다.

얼른 죄송하다고 말하고, 일찍이 아버지를 여읜 사람으로 누군가의 딸이라는 설명은 참으로 부러운 일이라고 얼버무렸다. 그리고 "누군가의 아내로도 설명되지 않으니, 기대하는 것은 누구의 엄마라고 소개되는 일"이라고 나의 욕심을 슬쩍 보였다. 그러고 보니 나는 외로우리만큼 '나' 하나의 존재를 열심히 설명하면서 살았다. 내 이름 역시 발음하기 어려워서 그런지, 인터넷을 검색하면 나 하나만 올라 있다. 굳이 경쟁 상대를 찾자면 "그리고선 윤택한 삶이 시작되었다" 정도다.

## 재일교포의 정체성

'정체성.' 참으로 오랜만에 되새기는 단어다. 20대, 청바지 어울리는 그 나이에 한 잔 마시고 정체성을 주장했고, 두 잔 마시고 정체성을 논했다. "일본에서 고등학교를 졸업하고 대한민국의 대학으로 진학한 것은 나의 정체성을 찾고 싶었기 때문이다." 뭐 이런 말을 했었다. 정말 그런 생각을 했는지, 그렇게 말을 해야 한다고 생각했는지 기억도 없다. 솔직히 딸아이 제대로 시집보내려면 그래도 일본이 아니라 한국에서 공부를 시켜야 한다는, 엄마의 고집을 따랐을 뿐인지도 모른다.

재일교포에게 정체성 운운하면서 '독립적 존재감' 같은 말을 한다면 그건 사치스러운 설명에 불과하다. 나아 1970년대 우리나라에서 국민학교를 다니다 일본으로 간 사람이니 「애국가」가 들리면 경례를 하고 대극기를 보면 가슴에 손을 올리는 교육을 받았다. 그러니 "너 조센진이지?"라고 하면 "그래. 그런데 지금은 '조센'이라고 하지 않고 대한민국이라고 한단다"라고 천연덕스럽게 설명하고, 그따위 말에는 절대 주눅 들지 않았다.

초등학교 5학년 때 일본으로 가서 동경한국학교를 졸업하고, 일본어가 어눌한 상태로 일본 공립중학교에 진학했으니 누구나 다 내가 한국에서 온 아이라는 사실을 알고 있었다. 과목이 바뀔 때마다 교실에 들어오는 선생님들은 출석부의 이름을 보고 "어떻게 발음해야 하지?"라고 묻곤 하셨다. 그때마다 큰 목소리로 "코, 산, 윤"이라고 몇 번이고 내 이름을 반복했으니, 나의 정체성은 이 순간 누구보다 확고하게 다져진 것이 아니겠는가.

그러니 나는 특별한 사람이었다. 재일교포의 대부분, 그것도 내 또래의 재일교포는 2세 또는 3세인데, 많은 경우 그들은 대한민국 국적을 가지고 있다는 사실을 노출하지 않았다. 물론 한복 모양의 교복을 입고 "나는 조선사람이다"라면서 조총련계 학교를 다니는 이들도 있었지만, 많은 재일교포는 일본에서 태어나 일본인과 똑같은 교육을 받으며 일본인 정서 속에서 살고 있었으니 굳이 밝혀야 할 필요도 없었다. 아버지, 어머니가 한국 사람이라는 사실 외에 한국에 대해서 아는 것이 뭐 있겠는가. 한국어를 할 수 있는 것도 아니고, 한반도 어딘가의 호적에 이름이 올라 있다는 사실조차 그들에게는 의미 없었다. 혹시나 이 사실이 알려져 학교에서 소외되는 일이 없기만 바랄 뿐이었다.

내가 아는 사람들은 모두 그랬다. 친지들의 모임에서 '하모니(할머니)', '온니(언니)' 이런 단어를 쓰기는 했지만 다들 '하나코'니 '미치코'니 하는 이름을 불렀고, 하나코(花子)를 '화자', 미치코(道子)를 '도자'라고 부르는 일은 없었다. 이름뿐 아니라 성씨도 마찬가지였다. '다카다'나 '기노시타' 등의 성으로 불리는 것이 그들에게는 더 친숙했다. 국적은 한국이지만 생활 속에서는 일본 이름으로 살고 있었다.

## 한국계 일본인

그리고 30년 세월이 지났다. 하나코도 미치코도 결혼을 하고 자식을 두었다. 재일교포 2세, 3세가 아니라 4세, 5세의 시대가 되었다. 이들은 한국 국적을 버리고 귀화를 했다. 조국의 땅에 묻히겠다는 염원을 품고 사셨던 어르신들이 돌아가시고 남겨진 그들에게 대한민국은 아무런 의미가 없는 것일까. 그런데 재미난 사실이 하나 있다. 그들이 일본 국적을 취득하면 어찌 된 일인지 이름만은 한국 이름을 고집한다는 것이다. 그 옛날 한국 국적일 때는 일본 이름으로 학교를 다니고 사회생활을 했던 사람들이, 일본 국적을 가지고 나서는 우리의 이름을 찾아서 쓰고 있다.

반백 년 이상 '다카다(高田)'라는 성씨를 쓴 사촌오빠는 귀화해서 일본 여권을 취득한 뒤 '고(高)' 상이 되었다. 두 딸아이의 이름도 '하루(春)'와 '하나(花)'다. 일본어로도 한국어로도 의미가 있는 예쁜 이름이다. 고민을 많이 한 흔적이 보인다.

추성훈의 딸 이름 '사랑(紗蘭)'도 이와 같은 경우가 아닐까 조심스럽게 생각한다. 워낙 유명해서 더는 설명할 필요가 없겠지만, 추성훈은 재일교포 4세로 태어났고 지금은 귀화해서 일본인이다. 그는 대학 졸업 후 한국에서 유도 선수로 활약을 했지만 3년 7개월 만에 일본으로 돌아가 귀화하고, 일본 대표로 2002년 아시안게임에서 금메달을 땄다. 지금은 종합격투기 선수다.

2014년 9월 일본 사이타마에서 열린 UFC 대회에 출전한 추성훈은 팬츠에 한국과 일본의 국기를 나란히 달고 있었다. 추성훈의 어머니는 "추성훈! 추성훈!" 이름을 부르며 응원했다. 3라운드 판정승, 심판은 추성훈의 손을 들고 "아키야마 요시히로(秋山成勳)"라는 그의 일본 이름을 외쳤다. 나는 이 모습을 보면서 '한국계 일본인'이라는 단어를 떠올렸다. 일본도 성숙했다. 대한민국도 성숙했다. 그 사이에서 정체성을 찾는 사람들도 성숙했다.

# 수학책 번역하기

내 이름을 달고 처음으로 선보인 역서는 『3일만에 읽는 일본사』였다. 동양사학과를 졸업했으니 일본 역사를 참 잘 알 것이라는 믿음을 가지고 나에게 맡겨진 일이었다. 이후 세계사, 고대 문명에 관한 책을 번역하면서 성적표에 남아 있는 F 학점에 대한 상처는 조금씩 아물어갔다.

어느 날 '3일 만에 읽는 시리즈'의 하나라는 이유로 『3일 만에 읽는 수학의 원리』라는 책을 번역하게 되었다. 원제는 '중학교 수학'이었다. 중학교 수학 정도는 나도 할 수 있다는 생각으로 시작했는데 이게 여간 까다롭지 않았다. 수학책은 그것이 아무리 이야기 중심의 '읽는 책'이라고 해도 제대로 번역하기 위해서는 예시된 문제를 풀어야만 한다는 강박감이 있었다. 마치 수학 문제지를 풀어나

가는 마음으로 숫자를 계산하고 번역했다. 그러다 보니 이게 웬일인가 답이 잘못된 문제가 세 개나 발견되었다. 편집자에게 알렸고, 편집자는 나의 간곡한 고집에 '설마' 하는 마음으로 주오대학의 경제학부 교수인 저자에게도 알렸다. 그리고 "죄송합니다. 당신의 답이 맞습니다"라는 대학자의 말을 들었다. 이후 나는 수학책 번역을 아주 잘하는 역자로 소문이 났다.

나도 내 전공을 살려서 문학 서적을, 그게 아니라면 역사물을 번역하고 싶었지만 편집부에서는 수학책만 들고 왔다. 일이라는 게 하고 싶은 것만 할 수 있는 것도 아니고, 참 묘한 인연이 겹치고 겹쳐서 '나'라는 존재를 만들어간다. 인터넷에서 내 이름을 검색하면 엄청난 수의 수학책이 쏟아진다. 올림피아드 책에서 인도 수학책까지 다양하다. 『수학 시크릿』이니, 『도형 이야기: 그림으로 배우는 초등수학 교과서』 등등 이름도 다양하다.

최근에는 『수학의 언어로 세상을 본다면』을 번역했는데, 이건 정말 어려웠다. 수학자 아버지가 딸아이에게 수학을 통해 세상 이야기를 풀어가는 책인데, 1장에서 4장까지는 그럭저럭 이해가 갔다. 그런데 5장 이후는 도저히 번역이 불가했다. 수학책은 단순히 언어를 바꾸는 것으로 해결되는 일이 아니다. 제시된 문제들을 내가 이해하고 풀 수 있어야 하기 때문이다. 결국 수학을 전공한 친구에게 도움을 청했고 공역으로 마무리했다.

이 자리에서, 내가 수학책을 번역하면서 마음에 둔 이야기를 몇 가지 나누고 싶다.

## 첫 번째 이야기

중학교 때, 나는 수학을 상당히 잘하는 학생이었다. 부모님을 따라 일본에서 살게 된 나는 일본어를 완벽하게 구사할 수 없는 상황에서 일본 공립학교에 다니기 시작했다. 이런 내가 잘할 수 있는 유일한 과목이 수학이었다. 방정식을 풀 때는 마치 놀이를 하듯이 즐거운 마음으로 풀었다. 반 친구들에게 거만한 미소를 띨 수도 있었다. 일본 친구들 앞에서, 마치 수학을 위한 주문이라도 외듯이 구구단을 한국어 리듬으로 소리 내어 외우고 문제를 풀어나갔다. 단발머리에 여드름 가득한 여학생의 거만한 모습을 상상하기 바란다.

그러나 나는 문과를 택했고, 수학과는 거리가 먼 시간을 보냈다. 아들 녀석의 수학책을 봐주는 일이 내가 수학을 만나는 시간의 전부다. 아들은 수학을 특히나 좋아하지 않는다. 문제지를 풀면서 온몸을 비틀고 하품을 한다. 때로는 강한 의사 표현으로 방귀도 뀐다. 엉덩이를 한 대 때려주고 싶지만 인내심을 가지고 지켜보는 것은, 이 녀석의 입에서 '엄마, 수학은 게임 같아'라는 말이 나오기를 기다리기 때문이다. 결코 어렵고 지겨운 공부가 아니라 머리를 위한 놀이 정도로 느껴주기를 마냥 기다린다.

이런 내가 난데없이 수학책을 번역하게 되었다. 오랜만에 만나는 숫자와 부등호가 마냥 반갑기만 하다. 문자식이니 함수 그리고 도형까지. 머리 한구석에 처박아 둔 기억을 하나씩 꺼내면서 문제를 풀어나가는데 즐겁다. 솔직히 이해가 안 되는 부분도 많다. 하지만 원본에서 오자나 잘못된 숫자 같은 것들을 찾으면 희열을 느낀다. '나는 똑똑하다'고 잠시 자만에 빠진다.

다른 원고와는 달리 보고 또 보고 참 많이 교정했다. 교정이라기보다는 계산을 했다. 풀어보고 또 풀어보고, 그리고 확인했다. 이 작업은 만만치 않다. 그리고 두렵다. 혹시나 엄청난 잘못을 발견하지 못한 채 마무리하지는 않았는지.

## 두 번째 이야기

'도형' 책 번역을 하다 보니, 중학교 때 수학 선생님이 생각난다. 대학을 갓 졸업한 총각 선생님이었다. 여학생들은 쑥스러워서 선생님의 얼굴을 제대로 보지 못했고, 선생님도 쑥스러워서 우리의 얼굴을 제대로 보지 못하는 그런 묘한 분위기의 수학 시간이 예쁘게 기억된다.

1학년 때는 아직 일본말을 능숙하게 할 수 없어서 공부가 힘들었지만, 그래도 수학만큼은 잘했다. 계산은 특히 잘했다. '한국어 리듬의 구구단'은 일본 친구들에게 보여줄 수 있는 나의 유일한 재주이자 자랑이었다. 중학교 수학 과정은 도형의 합동이니 증명이니 하는 내용이 주를 이루었다. 2학년, 3학년이 되면서 일본말도 향상되었고, 나의 논리 전개도 완벽해졌다.

그땐 왜 그랬을까? 수학 문제지를 살 수 없을 정도로 기난하지는 않았는데, 나는 꼭 교실에 굴러다니는 문제지를 빌려다가 문제를 풀었다. 출판사에서 보내온 문제지가 교실에 항상 비치되어 있었다. 아마 그 순간만이 내 짝사랑 수학 선생님에게 다가가 눈길을 끌수 있는 기회였기 때문인지도 모른다.

'이러이러해서 이러하다. ∴ 합동이다' 이런 식의 전개는 지금도 나의 문장에서 살아 움직인다. 노트 정리를 할 때도, 하물며 일기장에도 '∴'라는 기호를 잘 쓴다. 이것으로 나의 글이 완성되었다는 묘한 만족감이 있다.

도형은 수학이라기보다 논리다. 도형을 이야기하는 수학책은 소설책처럼 쉽게 읽히지는 않는다. 그래도 단어 하나하나, 문장 하나하나를 곱씹으면서 읽으면, 어느새 논리적인 머리를 가지게 된다. 나는 이런 책을 작업하면서, 녹슨 내 머리가 반짝이던 그 시절을 기억한다. 사춘기 짝사랑과 함께.

### 세 번째 이야기

우리 아이가 초등학교 2학년 때인가 보다. 수학에서 '시간' 문제가 나왔다. '12시 40분에 밥을 먹기 시작했는데, 30분 동안 먹었습니다. 지금은 몇 시 몇 분입니까?' 이런 종류의 문제였다고 기억한다. 멀쩡히 잘 돌아가는 벽시계의 건전지를 빼고 열심히 설명했지만 좀처럼 이해를 하지 못했다. "무슨 말인지 모르겠어?" 언성을 높이기도 했지만, 역시 이해하지 못했다. 밥상 앞에서도 목욕탕에서도 수시로 질문하고 계산했다. 옆에 있는 동생이 툭 던진 시간이 우연히도 맞는 답이다. 이것도 속상했다. 손가락 10개를 다 쓰며 한참 후에야 대답하지만 그것도 항상 맞는 답은 아니었다.

1시간이 60분이고, 1분은 60초라는 개념이 온전히 이해되지 않은 상황에서는 쉬운 문제가 아니었다. 비슷한 처지의 엄마들은 똑똑하지 못한 내 자식을 걱정하다가, 결국 교과 과정을 욕했다. 초등학교 2학년생이 이런 문제를 이해하기는 쉽지 않다는 결론을 내렸다. 시험에서도 이 문제만은 틀려도 된다고 큰 아량을 보였다. 지금 생각해도 그게 정답이었다. 1년이 지나자, 더 이상의 설명 없이도 아이는 쉽게 이해했다. 이해할 수 있는 머리가 된 것이다. 특별히 이런 종류의 문제만을 더 공부한 것이 아니다. 그냥 밥 먹고 키가 자라고 시간이 지나자 자연스럽게 이해할 수 있게 되었다.

## 네 번째 이야기

친구를 만났다. 평범한 일본 아줌마다. 딸만 셋 키우는데, 동네 아이에게 주판을 가르치는 주판 선생님이다. "언제 그런 것을 배웠어?"라고 물었더니, 초등학교 때부터 상당히 오랫동안 배워서 급수도 있다고 한다. 일본 학생들이 주판과 붓글씨를 많이 배운다는 사실을 알고는 있었지만, 이 친구가 주판을 잘한다는 사실은 몰랐다. 수학과는 도무지 연결이 되지 않는 친구였다. 공부보다는 운동을 더 좋아했고, 미술 관련 전문대학에 진학했으며, 내학 내 '미스일본 대회'에 나갔다는 정도만 알고 있었다.

딸 셋에게도 주판을 가르치고 있었다. 아직 구구단을 외우지 못하는 셋째가 곱셈 문제지를 들고 주판을 놓았다. 대단히 훌륭하다는 나의 감탄에, 구구단이 적힌 종이를 옆에 두고 그냥 손가락 연습을 시킬 뿐이라고 했다. "너희 아이들은 수학 잘하겠다"는 나의 물음에 "응, 계산은 잘하는데, 수학은 잘 못해"라는 답을 아무렇지도 않게 한다. 그렇구나. 사실 이 친구도 수학을 잘하지는 못했던 것으로 기억한다. 수학 숙제를 대신 해준 적도, 커닝 페이퍼를 만들어준 적도 있다.

일본은 과도한 주입식 교육을 지양하고 창의성과 자율성을 존중하는 '유토리 교육(여유 있는 교육)'을 2002년 공교육에 본격적으로 도입했다. 그래서 원주율을 3.14가 아닌 3이라고 가르쳤다. 굳이 소수 계산을 하지 않고도 원주율에 대한 개념을 이해하게끔 한다는 것이 주된 취지였다. 그녀에게 "원주율을 3이라고 하는 일본 교육에 대해서 어떻게 생각해?"라고 물었더니 대답은 간단했다. "원주율은 원래 3.14가 아니라 3.14159 …… 한없이 이어지는 수인데 어디서 끊어서 계산한들 무슨 상관이 있겠어. 사실 살아가는 데 소수 계산을 할 일도 많지 않잖아. 그리고 소수 계산을 가르치지 않는다는 것이 아니라 단지 원주율을 '3'이라고 할 뿐이야."

내가 그걸 몰라서 물어보았겠는가. 여하튼 이 친구는 공부 제일주의 엄마가 아니다. 아이를 '남에게 폐 끼치지 않는 일본의 한 시민'으로 키우는 것에 만족하는 평범한 일본 아줌마다. 그래도 참 편하게 생각한다. 나라에서 정한 일에 대해, 학교에서 정한 일에 대해 그냥 그렇게 받아들이고 있었다. 사실 일본에서는 소수를 계산하지 못하는 아이들이 생길 것이라는 염려의 소리도 적지 않았고, 지금은 다시 원주율을 3.14라고 가르치고 있다. 유토리 교육은 2007년 실패를 인정했다. 하지만 당시에는 '나라가 그렇게 하겠다는데, 학교가 그러겠다는데 네가 무슨 상관이냐'는 눈빛으로 친구는 나를 바라보았다.

사실 나랑은 상관이 없는 일이었다. 원주율의 숫자를 나열하는 것만으로 약 300쪽에 이르는 책을 출판하는 나라가 일본이다. 그걸 돈 주고 사서 간직하는 사람이 있다는 점에서도 재미난 나라다. 어디에 쓸 것인지 물었더니, 그냥 멋진 책이어서 샀다고 했다. 비밀번호 같은 것을 만들 때 이용하면 도움이 된다고도 했다. 초등학교에서는 원주율을 3으로 가르치는 한편, 원주율 숫자를 나열한 이런 책도 만들고 그게 또 팔리는 나라다. 어쨌든 당시 나는 마음속으로 '우리 아이들에게만은 원주율을 3.14라고 가르쳐야지'라고 고집했었다.

# 한자는 어렵다

"일본어는 한자가 어려워요." 이런 말을 하는데, 당연한 말이다. 우리에게만 어려운 것이 아니라 일본 사람에게도 어렵다. 어떤 책을 고를 때 그 책에 쓰인 한자의 정도를 보면 난이도를 짐작할 수 있다. 누구나 보는 잡지나 신문 등에는 문부성에서 지정한 상용한자 1945자만 쓰인다. 그러니 어렵다 어렵다 해도 대강 2000자만 익히면 일반 글을 읽는 데 문제가 없다. 만화는 더 쉽게 읽을 수 있게 한자에 독음을 단다. 그런 반면, 전문 지식을 가진 사람들을 위한 서적이나 논문 같은 것에는 상당히 어려운 한자가 줄줄이 나온다. 영어권에서는 몇 개의 단어로 글을 구사하는지에 따라 배움의 정도를 측정할 수 있다는 말을 들었다. 일본어는 한자의 난이도에 따라 그 수준을 측정할 수 있다.

일본어는 한자 없이는 표기가 불가하다고 봐야 한다. 띄어쓰기도 없으니 한자 없이 가나만으로 나열된 글을 읽으려면 그건 암호와 같다. 일본어는 한자어의 음독과 훈독을 적절히 잘 조합해서 사용한다. 음독이란 한자를 하나의 정해진 음으로 읽는 것으로, 우리가 한자를 읽는 방식이다. 이를테면 '善'은 앞에 붙으나 뒤에 붙으나 언제나 '선'이라고 읽는다. 간혹 '樂'처럼 즐길 '락', 좋아할 '요', 노래 '악'처럼 세 개의 소리를 가진 한자가 있기는 하지만, 이건 모두 음독이다. 반면, 한자의 뜻을 가지고 읽는 것을 훈독이라고 한다. '樂'을 '즐겁다'는 뜻을 가진 일본어 '다노시이(楽しい)'라고 읽는 것이 훈독이다.

'글'보다 '말'이 먼저다. 말을 하고 있는데 거기에 글이 더해진 것이다. 즉, 말에 어울리는 한자를 거기에 덧씌웠다. 외국인이 일본어를 배울 때야 가나를 익히고 문형을 공부한 다음 말을 구사하지만, 일본에서 태어나 자연스럽게 말을 배워나간 사람이라면 말을 알고, 그다음에 글을 공부한다.

### 맛있다, 美味しい

이런 설명으로는 일본의 한자 쓰임을 이해하기 쉽지 않을 것이니 예를 들어 설명하겠다. '맛있다(おいしい)'는 단어를 한자로 표기하려면 어떻게 해야 할까? 물론 사전을 찾으면 되겠지만, 여기에 해당하는 한자를 내가 직접 만들어야 한다면 어떤 한자를 조합해 맛있다는 단어를 만들어낼 수 있을까?

학생들에게 이런 질문을 던지면, 좋을 양(良), 먹을 식(食), 즐길 락(樂), 맛 미(味), 있을 유(有) 등의 한자 조합을 말한다. 이를테면 '오이시이(良食しい, 楽味しい, 有味しい)'라는 답을 내놓는다. '좋은 먹거리', '즐거운 맛', '맛이 있다'는 뜻이다. 사전을 보면 '오이시이'는 '美味しい'라고 표기한다. 아름다운 미(美) 자가 들어간다. 이 글자는 아름답다는 뜻 외에도 맛나다는 뜻이 있다. '美'를 '오'로, '味'를 '이'로 읽지는 않지만, 여기서는 맛있다(おいしい)는 뜻으로 '美味しい'라고 쓴다.

## 재미있다, 面白い

'재미있다(おもしろい)'는 한자로 어떻게 쓸까? 학생들은 다시 다양한 한자를 들먹이면서 조합한다. 즐거운 일이라고 즐거울 락(樂), 일 사(事) 자를 써서 '樂事い', 웃기고 즐겁다고 웃음 소(笑), 즐겁다 락(樂) 자를 써서 '笑樂い' 등의 한자 조합을 제시한다. 그런데 정답은 '面白い'다. 낯(面)이 희(白)면 재미있나? 그리고 보니 가부키 배우의 얼굴이 하얀 것은 재미있는 것이라서 그런가.

아니다. 이때는 뜻이 아닌 소리로 한자를 조합해서 쓴다. '오모시로이'라는 발음을 살리기 위해서 '오모'라고 발음하는 한자 '面'과 '시로'라고 발음하는 한자 '白'을 조합했다('이'는 어미다). 그러니 '재미있다(오모시로이)=面白い'라고 쓸 수 있다.

# 재해가 끊이지 않는 나라

한국안전경제교육원이 주최하는 안전보건경제포럼의 강사로 초빙되었다. 나의 무엇을 보고 '안전'과 관련된 강의를 하라는 걸까. 노란불은 빨리 가라는 신호로 생각하고, 운전은 흐름이 중요한 고로 홀로 안전 속도를 유지하는 운전자를 보면 주변에 대한 배려가 부족하다고 흉을 보는 사람이 바로 나다. 우리 아들은 지금이라도 카레이서를 할까 한다. 어릴 때부터 엄마가 운전하는 차를 타고 다녔으니 조기교육을 충분히 받았다고 우긴다.

"너를 보면 일본에서 교육받았다는 사실이 의심된다"고 하는 친구가 있는데, 그래서일까 지금 나는 일본에 살고 있지 않다. 이것도 안 된다, 저것도 안 된다, '안 된다'투성이인 나라 일본을 나는 좋아하지 않는다. '안 된다'는 이유는 위험을 예방하기 위한 것이라는데,

세상에는 뭐 그리 위험한 일만 있는 건 아니다. 융통성을 가지고 소통하면 좋은 일이 더 많다고 생각한다.

여하튼 강의를 시작하겠다. 서울대 박훈 교수는 ≪경향신문≫에 "지정학적 지옥 한국, 지질학적 지옥 일본"이라는 제목의 칼럼을 올렸다. 한반도는 역사상 1000번에 가까운 외침을 받았는데 지척에 있는 일본은 딱 두 번 받았다. 칼럼에 따르면 "중국이 일본에 군사행동을 일으키기에 동중국해는 너무 넓고 험했다. 만주를 통해서 들어오는 압력은 한반도 정치 세력이 강력히 저항한 덕분에 열도까지 이르지 못했던 것이다. 일본 역사가들이 한반도를 '일본 역사의 방파제'라고 하는 까닭이다". 고로 '일본은 지정학적으로 행운아'였다.

반면 일본은 대규모의 지진과 화산, 해일, 태풍, 집중호우 등 지질학적 조건으로 인한 재해가 끊임없이 발생하는 나라다. 그들의 속담에서 알 수 있듯이, 예로부터 세상에서 가장 무서운 것이 '지진, 번개, 불, 아버지'다. 동일본대지진으로도 알 수 있듯이 지금도 달라진 건 없다. 지진이 가장 무섭다. 여하튼 일본은 자연재해가 많은 나라다.

그러니 그들은 분노하기보다는 참고 견디면서 받아들이는 것에 익숙하다. '익숙하다?' 잘못 말했다. 이런 일에 익숙할 수는 없다. 개인보다는 전체를 우선하는, '화(和)'를 중요하게 생각하는 나라인지라 마냥 슬픔을 삼킨다고 하는 것이 옳은 말이겠다. 인재가 아닌 천재인데 어쩌겠는가.

## 온타케산 화산 폭발

2014년 9월 27일 온타케산(御嶽山) 화산 폭발이 있었다. 사고 발생 사흘째 되는 날, 유가족은 "오늘 수색은 유독가스 때문에 오후 1시경 끝났습니다"라는 말을 들었다. 산 정상에 분명히 생존자가 있을 것이 며 구조를 기다리고 있을 터인데 이게 무슨 말인가. 내 새끼가 저기 에 있다면 나는 가만있지 않을 것이다. "제발 찾아달라. 끝내지 말아 라"라고 울며 매달릴 것이다. 그러나 아무도 그러지 않았다. "안타깝 지만 어쩔 수 없지요", "구조대는 최선을 다하고 있으니, 유독가스가 줄어들기를 바랄 뿐입니다"라고 그들은 말했다.

이런 반응은 어제오늘 만들어진 게 아니다. 수많은 자연재해를 겪어온 기나긴 역사는 일본인에게 '나로 인하여 '화(和)'가 깨져서는 안 된다', '남에게 피해를 주어서는 안 된다'는 생각을 심어주었다. 이는 구조대원에 대한 무한한 신뢰가 저변에 있다는 사실을 모르고 는 이해할 수 없는 장면이다.

온타케산에 늦가을 눈이 내리기 시작하자, 사망자 57명, 실종자 6명인 상황에서 구조대는 내년을 약속하고 철수했다. 유가족 모두 이 조치에 순응했다. 그리고 2015년 장마가 끝나고 7월 29일 실종 자 6명을 찾기 위한 수색이 시작됐다. 7월 31일 시신 1구를 찾았고, 사망자 58명 전원의 신원을 확인했다. 구조대와 국가에 대한 유가 족의 신뢰는 더욱 깊어지는 것 같았다. 유가족은 깊은 슬픔을 뒤로 히고 감사를 표했다. 이것은 인재가 아닌 천재였다. 누구의 잘못도 아니라는 사실을 사람들은 잘 알고 있었다. 그래서 모두가 슬픔을 삼킬 수밖에 없었다.

그런데 여기서 뒷이야기를 하나 하겠다. 2017년 희생자 유가족 5명이 '국가배상법'에 의거해 나가노현에 손해배상을 청구했다. 화산 폭발 전 폭발의 심각성을 알리는 '분화경계수준'을 1에서 2로 올리지 않았기 때문에 많은 사람이 희생되었다는 지적이다. 일본에는 화산성 지진의 횟수가 하루에 50번 이상 발생하면 분화경계수준을 올려야 한다는 규정이 있다. 그런데 화산 폭발이 발생하기 전인 9월 10일에 52번, 11일에 85번의 화산성 지진이 관측되었다는 사실이 뒤늦게 밝혀졌다. 유가족의 손해배상 청구에는 자연이 아닌 인간의 소홀함에 따른 재해는 용납하지 않겠다는 뜻이 담겨 있다.

## 니가타 스키장 사고

이런 사고도 있었다. 2015년 2월 2일 니가타스키장에서 활주 코스를 이탈한 세 사람이 이틀 후에 구조되었다. 스릴을 즐기기 위해 활주 코스가 아닌 곳에서 스키를 탄 모양이다. 구조되는 모습이 텔레비전 화면을 통해서 중개되었다. 설산에 헬리콥터가 뜨고 탈진해서 쓰러져 있는 사람들 앞으로 구조대원이 다가갔다. 다음이 관건이다. 구조대원의 첫말이 "뭐 하는 짓입니까. 코스를 벗어나서 타다니"였다. 정말 무섭게 화를 냈다. 그러고는 "나도 목숨 걸고 하는 일입니다"란다. 나는 이런 모습을 처음 보았다. 이제까지 "왜 이제야 구조하러 왔냐"고 구조대원을 꾸짖는 모습만 보아왔다.

이 장면은 블로그 등을 통해서 퍼졌는데, 그 밑에는 이런 댓글이 달렸다. "대원님, 수고하셨습니다", "대원님의 박력 짱!", "대원님이 구해준 생명이니 소중히 잘 사십시오". 누구도 구조대원을 욕하지 않았다. 구조 다음 날 세 사람은 기자회견을 가졌고, "민폐를 끼쳐서 대단히 죄송합니다"라고 울면서 사죄했다.

'개인의 잘못은 어디까지나 개인이 책임져야 하는 부분이다', '개인의 잘못으로 누군가에게 폐를 끼쳐서는 안 된다'. 일본인들은 늘 이런 생각을 하며 산다. 그리고 구조대원에 대해서는 항상 최선을 다해서 자신의 임무를 완수하고 있다고 신뢰한다. 구조대원도 누군가의 소중한 자식이고, 남편이고 아버지라는 사실을 그들은 잊지 않는다.

## 마음을 위로하다

구조대원에 대한 신뢰, 더 나아가 국가에 대한 신뢰를 말했는데 그건 그렇다 치고, 피해자들은 어떻게 위로받고 있는가. 이것에 대해서 생각해보고 싶다.

1995년 고베 지진 때, 무라야마 도미이치(村山富市) 총리는 발생 이틀 후 현장을 방문했다. 이에 대해 국민들은 너무 늦게 왔다고 비난했다. 이것을 의식한 것일까. 2011년 동일본대지진 당시 칸 나오토(菅直人) 총리는 사고 다음 날 바로 현장을 찾았다. 그러자 "총리가 재난 현장에서 할 일도 없는데 너무 빨리 와서 구조에 방해만 되었다"는 말을 했다. 2016년 구마모토 지진 때 아베 신조 총리는 9일이나 지난 후에야 현장을 방문했다. 이에 여론은 "심히 적절한 시기에 왔도다"라는 평가를 했다. 무슨 잣대가 이럴까. 답은 하나다. 당시 내각 지지율이 그것을 말한다. 2016년은 내각 지지율이 60%에 육박한 시점이니 아베 총리가 뭘 한들 예뻐 보이기만 했다. 1995년 36%, 2011년 22%의 지지율 때와는 비교할 수 없었다.

이는 곧 일국의 대표인 '총리'의 재해 현장 방문이 피해자들의 마음을 감싸 안는 데 절대적이지 않다는 것을 말한다. 나는 여기서 천황을 들먹이고 싶다. 재해 현장에는 항상 천황의 모습이 보인다. 점퍼 차림의 천황이 피해자들 사이에 앉아서 그들과 눈을 맞추고 다독이는 모습을 볼 수 있다.

1946년 11월 3일에 제정된 일본 '헌법'의 제1장 제1조는 "천황은 일본국 및 일본 국민 통합의 상징으로 그 지위는 주권을 가진 일본 국민 총의에 기초한다", 제2조는 "황위는 세습하되, 국회에서 의결된 황실 전범(皇室典範)의 규정에 따른다", 제3조는 "천황의 국사와 관련된 행위는 내각의 조언과 승인을 필요로 하며 내각이 그 행위에 대한 책임을 진다", 제4조는 "천황은 국정에 관한 권능을 갖지 않는다"이다. 이른바 천황은 국가원수의 역할에 해당하는 국사를 담당하지만 정치적 실권이 없다는 의미다. 이것이 '상징천황제'다. 1946년 1월 1일 천황은 '인간 선언'을 하면서 더 이상 신이 아닌 인간으로 존재하게 되었다. 그래도 일본인들의 마음에는 여전히 태양신의 자손인 천황에 대한 사랑과 존경심이 있다.

동일본대지진 때도 황실은, 황실 목장에서 생산된 달걀 1000개, 돼지고기 등의 통조림 280개, 고구마 100kg 등을 지원했다. 그리고 도치기현에 있는 나스 별장의 목욕탕을 인근 피해지 사람들에게 개방했다. 나스 별장은 황족의 요양을 위한 곳으로 평소에는 아무나 출입할 수 없다. 사람들은 감동했다. 천황의 손길은 사람의 마음을 다독이는 큰 역할을 한다. 사람들은 이렇게 위안받는다.

# 혈연 중심의 세습

어젯밤 나는 특별한 경험을 했다. 스웨덴 대사 관저에서 저녁을 먹었다. 누군가에게는 일상일 수 있지만, 나에게는 신데렐라가 호박 마차를 타고 궁으로 간 것과 같은 시간이었다. 이야기의 시작은 이렇다. 지금 북유럽 4개국의 라이프 스타일을 선보이는 '리얼 노르딕 페어'가 진행되고 있는데, 안네 회그룬드(Anne Höglund) 주한 스웨덴 대사가 이와 관련된 사람들을 대사 관저에 초빙해서 격려하는 시간이었다. 여기에 꼽사리 끼었다.

여하튼 와인을 한 잔씩 들고 삼삼오오 흩어져 주변 사람들과 인사를 나누었다. 서구에서 유학했다는 30~40대의 젊은 사업가들은 '일상의 여유에서 행복을 찾는 북유럽 라이프 스타일'을 잘 이해하고 있는 것 같았다. 같은 자리에 북유럽의 유기농 코튼 유아복을 수

입한다는 일본 여성이 있어서, 북유럽만이 아니라 일본에 관한 이야기까지 대화 주제가 넓혀졌다.

세계는 이렇게 하나가 되어가고 있었고, 젊은 사업가들은 일본 기업의 세습 문화에 관심을 보였다. 사업가도 아니고 젊지도 않지만 여기서는 나도 할 말이 있었다.

## 동양사학입문

고 민두기 교수의 '동양사학입문' 수업은 한·중·일 관계에 대한 풍부한 사료 제시와 명쾌한 분석으로 정평이 나 있었다. 1학년 필수 과목이었는데, 한 주에 읽어야 하는 책도 엄청났으며 제출해야 하는 리포트도 장난이 아니었다. 결과는 F였다. 4학년 졸업을 앞두고 재수강을 했다. 그리고 그때의 노트를 아직도 가지고 있다. 이사를 하면서 그 많은 자료들은 모두 정리했는데, 이 노트만은 챙기고 챙긴 이유는 F에 대한 서글픈 추억 때문인지도 모른다.

며칠 전 우연히 이 노트를 손에 잡고 이리저리 뒤적였다. 낙서도 있고, 일본에 대한 필기도 꽤 많았다. 외래문화에 대한 적극적 도입, 모방을 통한 창조 등 일본의 개방성을 설명하는 내용이 나오다가, 그와 상반되는 섬나라의 폐쇄성을 설명하는 구절로 이어졌다. 폐쇄성의 원인 중 하나는 일본이 중국 문화를 제한적으로 받아들였다는 점이다. 일본은 과거 제도를 받아들이지 않았으며, 환관 제도가 없었다. 그리고 혈통의 개념이 약했다는 글이 있다.

'혈통 개념이 약함', '공동체 중심 생활', '모든 일에 계보성을 가짐', '의제적 혈연주의', '이에모토 제도'. 이런 글들이 나열된 쪽에서 멈추었다. 그 옛날 수업 시간을 떠올리며 기억의 조각들을 가지고 패치워크를 시작해보았다.

## 혈연 중심의 세습이 아니다

아시아의 유교 자본주의를 운운할 때 그 특징으로 혈연 중심의 기업 세습을 말한다. 이것이 사회적으로 어떤 부정적 또는 긍정적 의미가 있는지에 대해서는 아는 바가 없다. 한국, 중국, 아시아계, 화교계 기업은 혈연을 중시해서 피가 섞이지 않은 사람은 후계자로 잘 삼지 않는다는 사실을 말하고 싶을 뿐이다. 그렇다면 일본은? 일본은 '의제적 혈연'을 맺은 양자를 후계자로 내세우기도 한다.

기업까지는 모르겠는데, 일본에서는 "300년 된 우동집의 8대째 주인이 어쩌고" 하는 이야기가 있다. 도쿄대학을 졸업한 장남이 우동 집을 잇기 위해서 고향으로 내려왔다는 이야기를 들으면서 참으로 대단한 집이라고 감탄했다. 복받은 집안이다. 아들이 착해서 그렇지 만약에 아들이 아버지의 뜻을 거절했다면 우동집은 이 시점에서 문을 닫아야 했을까? 이 집에는 대대로 아들이 있었을까? 장남이 가장 뛰어난 미각의 소유자로 우동 맛을 지켜온 것일까? 이런 질문이 머리를 맴돈다.

분명 자식 중에는 우동집이 싫다고 하는 이가 있었을 것이다. 싫다고는 하지 않아도 미각이 떨어져서 우동의 맛을 지킬 수 없는 장손도 있었을 것이다. 여기서 대를 물린다는 것은 혈통의 전수가 아니라, 우동을 가장 잘 만들 수 있는 자에게 전수하는 일이었을 것이 분명하다. 자식 중 우동 만드는 일을 가장 잘하는 이에게 가게를 넘겼을 것이다. 그가 장남이 아니라도 말이다. 자식 중에 적합한 자가 없으면 일하는 자 중에서 가장 잘하는 이를 데릴사위로 맞이했을 것이며, 딸마저 없다면 양자를 들여서 대를 잇게 했을 것이다. 우동 맛을 가장 잘 낼 수 있는 사람이 대를 이으니 이 집 우동이 가장 맛있을 수밖에 없다.

'우리 동네 권투 도장의 주인은 항상 국가 챔피언이다.' 이건 상당히 어려운 일이고 연속 가능성이 없다. 하지만 거꾸로 챔피언을 도장의 주인으로 모신다면 이 일은 언제까지나 가능하다. 이때 내 아들에게 가장 큰 덩어리를 주고 데릴사위나 양자에게 가게를 계승시켜서는 안 된다. 대를 잇는 자에게 모든 것을 몽땅 넘겨야 한다.

나는 중·고등학교 과정을 일본에서 공부했기 때문에 참 많은 친구가 있다. 하지만 가계를 이어야 할 만큼 대단한 집안의 사람이 없어서 그런지 능력의 날개를 꺾으면서까지 집안일을 한다는 특별한 이야기를 간직한 친구는 없다.

최근 규슈의 한 사업가와 일을 한 적이 있는데 그와 함께 온 회계사가 나에게 "당신은 서울에서 공부했습니까?"라는 질문을 몇 번이고 반복했다. 나중에 안 사실인데 그는 도쿄대학에 진학하고 싶었지만 회계사인 아버지의 업을 잇기 위해 규슈 소재의 대학으로 진학했다고 한다. 도쿄로 공부하러 가지 못한 아쉬움이 묻어 있는 질문이었다는 사실을 뒤늦게야 알았다. 형은 의사이고 동생은 유치원을 운영한단다. 둘째 아들이 총대를 메고 가업을 이은 셈이다. 희생이었을까, 영광이었을까. 여하튼 규슈의 사업가는 "얼마 전까지는 아버지와 함께 일을 했는데, 이제는 그 아들과 같이 일을 하니 2대에 걸친 파트너"라고 소개했다. 회계사의 아버지 역시 사업가의 아버지와 일을 했다는 사실을 잊지 않고 덧붙였다.

이런 이야기를 하면서 젊은 사업가들과 태평양을 건너, 대서양을 건너 우리가 살아가고 있는 세상을 이해하고 다가가고 싶다고 했다.

# 세계 최고의 작고 작은 회사

 연말이라 이런저런 모임이 많다. 평상시 가깝게 지낸 사람들과의 만남도, 1년에 한 번 보는 얼굴도 반짝이는 불빛 아래 캐럴을 들으면서 잔을 기울이는 시간은 특별하다. 올해 나는 아주 특별한 모임을 경험했다.

 일본과 무역업을 하는 지인을 따라 요코하마에서 멀지 않은 곳에 위치한 작은 회사 (주)가도야(かどや)의 모임에 참석했다. 작다고 한 것은 정직원이 12명이라는 사실 때문인데, 2015년에는 지역 경제를 살리는 중소기업으로 '가나가와현 우량 제조업 표창'을 받은 바 있는 훌륭한 회사다. 이 표창은 1958년에 시작한 것으로 지금까지 약 700개의 회사가 수상한 상이다. 그러니 이 회사를 튼실한 소규모 중소기업의 '작은 거인'이라고 해도 그르지 않다고 본다. 정밀기계 부

품 구조 실계부터 가공, 제품화까지 서비스하는 자본금 얼마의 회사라는 설명을 듣기는 했지만, 숫자에 어두운 나는 그것이 어느 정도의 규모인지 이해를 하지 못했다. 단 필리핀 세부에 공장을 짓고 있으며, 현지 스태프들과의 교류를 위해서 사원 연수를 세부로 다녀왔다는 말에 귀를 쫑긋 세웠다.

### 세 남자의 회사

회식 자리에는 거래처 사람들까지 50여 명이 모였다. 삼삼오오 모여 "부어라, 마셔라"하며 하하, 호호 웃음을 나누는 모습은 우리의 모임 풍경과 다를 바 없었다. 여기에 유쾌한 세 남자가 있었다. 30~40대로 보이는데 매우 친한 것 같다. 어쩌면 이 동네에서 나고 자라서 비슷한 일을 하는 동창생들인지도 모르겠다고 생각하면서 슬그머니 말을 걸었다.

알고 보니, 이 세 남자는 모두 '세계 제일'의 기술을 보유하고 있다고 자부하는 중소기업의 후계자들이었다. 호기심이 발동한 내가 "무엇을 만드는 회사의 후계자이십니까"라고 물었더니, 옆에 앉은 이가 더 신이 나서 "아주 아주 작은 나사를 만드는, 이를테면 핸드폰 안에도 들어가는 나사를 만드는 제조업체"라고 했다. 그리고 "3대째인가 4대째인데, 이놈 동생이 더 똑똑해서 후계자가 안 될 수도 있다"는 말까지 덧붙였다.

"그럼 당신은요?"라고 했더니 그 역시 자신의 회사가 세계 제일이라는 말을 내세우면서 고무를 만든다고 했다. 고무라면 머리를 묶을 때 쓰는 그 고무줄의 고무냐는 말에 옆의 두 사람은 배를 잡고 웃는데, 본인은 진지하다. 일본은 지진이 많은 나라라 고층 건물을 지을 때 지면과 떨어뜨려서 짓는다. 그래야 지진이 발생했을 때 건물이 따로 움직여 무너지지 않기 때문이다. 여하튼 이런 이유로 건물과 지면 사이에 고무가 들어가는데 그 고무를 만든다는 것이다. 내가 제대로 이해했는지 아닌지는 뒤로하고, 그는 자신들만이 가지고 있는 기술력을 자랑하기에 바빴다. "그 자랑스러운 회사의 몇 대째 주인이 되는 건가요?"라고 물었더니, 나사 공장 후계자가 이때다 하면서 "이 집 꼰대 아버지가 아들한테 쉽게 물려주지 않을 터이니, 이놈이 차기 사장이 된다는 보장은 없다"고 마치 고자질하듯 말했고, 다시 웃음바다가 되었다.

마지막 한 사람에게도 같은 질문을 했다. 그의 회사는 반사판을 만드는 회사인데 역시 세계 최고의 기술을 가졌다고 어깨를 으쓱하며, 우주선에도 쓰이는 반사판을 만든다는 설명을 더했다. 밤이 되면 도로 바닥의 안내 글자가 자동차 불빛을 받아 반짝이는데 이것도 자신의 공장에서 생산한 특별한 반사 물질 때문이라고 말했다. 외할아버지가 창업한 50년이 된 회사이고, 본인이 3대째 주인이란다. 이제는 확장이 아니라 수성(守城)을 해야 하는 상황인데 이 얼마나 어려운 일인지, 아직 '사장'이 아닌 두 친구 앞에서 엄살을 부렸다. 젊은 남자들은 그들 회사가 세계 최고니 유일이니 하는데, 그 규모는 20명이 채 안 되는 직원으로 이루어진 작은 기업들이었다.

## 중소기업의 힘 = 일본 과학의 힘

『일본의 노벨과학상: 왜, 일본은 노벨과학상에 강한가?』를 발간한 재일한국과학기술자협회 홍정국 회장은 "일본 노벨 과학상의 인프라는 100년 이상 이어 내려온 중소기업들이다"라고 말한 바 있다. 대기업은 신규 기술 투자의 위험을 피하려 하는 경향이 있는 만큼 손해를 감수하고 과감히 투자할 수 있는 중소기업이야말로 일본 '과학의 힘'이라는 것이다. 일본은 20명이 넘는 노벨 과학상 수상자를 배출했다. 이들 중 2002년 노벨 화학상을 받은 다나카 고이치(시미즈연구소), 2014년 노벨 물리학상을 받은 나카무라 슈지(니치아화학공업)는 중소기업에서 연구하고 노벨상을 받은 대표적 인물이다.

우리나라는 기업의 99%가 중소기업이며 그 가운데 제조업 비율도 낮지 않다. 우리는 국내 중소기업의 기술력을 얼마나 인정하고 있는가. 이들 스스로 얼마나 자부심을 느끼고 있는가. 부러우면 지는 거라고 했다. 우리의 중소기업이 자부심을 가지고 성장하기 위해서는 무엇이 필요할까. 이런 생각을 하는 12월 요코하마의 밤하늘에는 별이 반짝인다.

# 디지털 시대의 아날로그적 소통

우편함에서 여러 장의 봉투를 들고 들어왔다. 보험 회사에서 보낸 크리스마스 카드가 그래도 반갑다. 나와는 평생 인연이 없을 것 같은 고급 전원주택지에서 보낸 '초대합니다' 카드는 바로 쓰레기통에 버렸다. 나머지는 자동차세, 아파트 관리비, 가스비 청구서 등등 숫자가 적힌 반갑지 않은 것들뿐이다.

그런데 이게 웬일인가. 오늘은 아주 특별한 봉투가 하나 보인다. 직접 손으로 적은 주소와 이름이 눈에 띈다. '고선윤 선배님께.' 분명 내 이름이다. 몇 달 전에도 만나 점심을 같이 했고, 며칠 전에도 전화로 이런저런 이야기를 나눴는데 송구하게 이런 걸 보내다니 반갑기도 하고 조금은 어려운 마음으로 봉투를 뜯었다.

매화나무가 그려져 있는 종이에 "근하신년 새해 복 많이 받으세

요"라는 글이 인쇄되어 있다. 그리고 깨알만 한 글씨로 자신의 이야
기와 아내의 이야기 그리고 새로 태어난 자식의 근황까지 소상히
알려주고, "이 모든 것이 여러분의 기원 덕분이 아닌가 하옵니다"라
는 인사말도 잊지 않았다. 귀갓길에 눈이 꽁꽁 얼어서 아직 손도 녹
이지 못했건만, 마음은 어찌 이리도 따뜻한지. 난 원래 이렇게 작은
것에 감동하고, 작은 것에 토라지고, 작은 것에 마음을 주는 작은 사
람이다.

## 나의 연말 의식

"어이구! 마지막 한 장이네" 이런 말을 하면서 12월 달력 한 장 남
기고 어제, 오늘, 내일 시간이 지난다. 기말고사까지 치르면, 나는
마치 실이 뚝 끊어진 꼭두각시 인형처럼 무엇을 해야 하고 어떻게
살아야 하는지 잠시 혼란스럽다. 그래도 이런 시간이 결코 싫지는
않다. 마치 태어나서 처음 맞이하는 휴일인 양 모든 것을 내려놓고
다시 챙겨본다. 1년 365일 하루도 정리된 적이 없는 책상의 지우개
가루를 훔치고, 긁적긁적 몇 자 남긴 메모들을 찢어서 버리기도 하
고, 몇몇 메모는 다른 종이에 옮겨 적기도 한다. 책상 옆구리에 쌓아
놓기만 한 책들도 제자리를 찾아주고, 빨간 줄을 그어둔 글귀를 다
시 음미하곤 한다.

연말이면 항상 같은 일을 반복했던 것 같다. 아마도 사춘기에 접
어든 중학생 때부터 이 작은 일들은 일종의 '연말 의식'이었다. 아직

도 잘 지키고 있다. 그런데 언제부터인가 그다음으로 이어지는 의식을 잊어버렸다.

흘러간 시간을 정리하고 더 이상 몸을 움직일 일이 없어지면, 헐렁한 파자마 차림으로 고타쓰(탁상 위에 이불을 덮은 일본의 난방 기구) 속에 발을 넣고 작업을 시작했다. 한 해 동안 만난 고마운 사람들과 오랫동안 연락하지 못한 사람들에게 감사 카드를 보내는 일이다. 주소록에 새로운 이름들을 채워 넣는 일도 빼놓지 않았다. 물론 지워야 하는 이름도 있었다. 사소한 오해로 오랫동안 연락이 끊어지고 어느새 자존심마저 개입되어 영영 지워야 하는 이름이 있을 때는 가슴이 짠하게 쓰리기도 했다.

## 소중한 사람에게

중·고등학교 시절 나는 일본에서 학교를 다녔고, 미술부 부원이었기 때문에 이맘때는 항상 카드 만드는 게 일이었다. 마블링 작업도 하고, 바느질도 하고, 솜을 붙이기도 하고, 반짝이 가루를 뿌리기도 했다. 그리고 때로는 친구의 멋진 아이디어를 슬쩍 훔쳐서 내 것인 양 만들기도 했다.

고등학생이 되고, 첫해 중학교 미술부 선생님으로부터 연하 카드를 하나 받았다. "너의 꿈과 미래가 연을 타고 하늘을 훨훨 날아가기 바란다"는 글이 적힌 엽서 크기의 연을 만들어서 보내셨다. 감동이었다. 나도 소중한 사람에게 이런 카드를 보내고 싶어서, 창호지에 그림을 그리고 연을 만들 재료를 준비했다. 버려진 부채에서 대나무를 구하고, 반짇고리에서 굵은 실도 찾았다.

정성을 다해서 글을 쓰고 창호지에 대나무 살을 대고 실을 꿰기까지 많은 시간이 걸렸지만, 이 카드를 받을 사람의 얼굴을 생각하면서 혼자 즐거워했다. 동이 트고, 새까매진 손끝을 보면서 고타쓰 안으로 몸을 쏙 집어넣고 잠시 눈을 감았다가 한겨울 느릿한 하루를 맞이했다.

그런데 언제부터인가 카드를 만들기는커녕, 카드를 보낸다는 것마저 잊었다. 지금은 메일로, 문자로 가볍게 인사를 주고받는다. 주소록의 이름들을 확인하면서 한 사람 한 사람 기억하는 일도 잊은 지 오래다.

올해는 나도 카드를 보내야겠다. 붙박이장 깊숙한 곳에서 재료를 찾았다. 다행히 고등학교 때 그린 그 밑그림이 있었다. 당신은 소중하다고, 감사하다고 내 마음을 적기 시작했다. 굵어진 손가락이 무디게 움직인다. 그래도 카드 받을 사람을 생각하니 참 많이 행복하다. 디지털 시대에 아날로그적 '소통'을 다시 시작한다.

글
/
**고선윤**

부모님을 따라 초등학교 5학년 때 일본으로 건너가 동경한국학교 초등부를 졸업했고, 일본 공립 중고등학교를 다녔다. 고등학교 시절에는 전교 회장을 할 정도로 씩씩한 한국 학생이었다. 이후 귀국해서 서울대학교 동양사학과를 졸업하고 계몽사 편집부에서 일했다. 두 아이를 낳고 늦은 나이에 한국외국어대학교 대학원에서 1000년 전 일본 헤이안 시대의 문학을 공부해서 박사 학위를 받았고, 중앙대학교에서 박사후연수를 마쳤다. 지금은 백석예술대학교 외국어학부에서 학생들을 가르치면서 칼럼을 쓰고 책을 저술하는 데 전념하고 있다. 『토끼가 새라고??: 고선윤의 일본이야기』(안목, 2016)가 대표적 저서다.

「이상적 풍류인 이로고노미」, 「헤이안 귀족의 미야비」 등 많은 논문을 발표했고 저서로는 『헤이안의 사랑과 풍류: 이세 모노가타리』(제이앤씨, 2014)가 있다. 함께 저술한 책으로는 『공간으로 읽는 일본고전문학』(제이앤씨, 2013), 『놀이로 읽는 일본문화』(제이앤씨, 2018), 『의식주로 읽는 일본문화』(제이앤씨, 2018), 『동식물로 읽는 일본문화』(제이앤씨, 2018) 등이 있다. 역서로는 『은하철도의 밤』(다락원, 2009), 『세상에서 가장 쉬운 철학책』(비룡소, 2009), 『해마』(은행나무, 2006), 『3일 만에 읽는 세계사』(서울문화사, 2004) 등 60여 권이 있다.

사진
/
**이성호**

미국 조지아텍대학교에서 컴퓨터과학과 미디어를 전공하고 지금은 사진과 영상 분야에서 일하고 있다. 2016년에 한국에서 디자이너들과 함께 와인스튜디오를 설립해 다양한 예술 분야에서 작품을 선보이고 있다.

## 나만의 도쿄

고선윤의 일본 이야기

ⓒ 고선윤, 2018

지은이  고선윤
사 진  이성호
펴낸이  김종수
펴낸곳  한울엠플러스(주)

편집책임  최진희
편 집  김지하

초판 1쇄 인쇄  2018년  9월 28일
초판 1쇄 발행  2018년 10월 15일

주소  10881 경기도 파주시 광인사길 153 한울시소빌딩 3층
전화  031-955-0655
팩스  031-955-0656
홈페이지  www.hanulmplus.kr
등록번호  제406-2015-000143호

Printed in Korea.
ISBN 978-89-460-6542-0  03910(양장)
      978-89-460-6543-7  03910(학생판)